Über die Autorin

Ulrike Domenika Bolls, Jahrgang 1972, absolvierte nach dem Abitur eine Design-Ausbildung und begann nebenberuflich Menschen in Krisensituationen zu begleiten. Sie widmete sich Zeit ihres Lebens der Selbstfindung, in Therapien und Seminaren in Deutschland und USA, bis sie im Jahre 2000 als Selbstständige mit Menschen in Transformationsprozessen zu arbeiten begann.

Mit Meditation begann sie im Alter von 20 Jahren, ihre hochsensible Natur erklärt das kontinuierliche Praktizieren dieser Technik, die ihr Leben jeher prägte.

Heute bietet sie unter dem Namen Highmat® Coaching für Hochbegabte und Hochsensible sowie Einweisung, Begleitung & Ausbildung in Meditation an.

Seit 1998 ist sie verheiratet und lebt mit ihrem Mann in München.

Meditation für Hochsensible

Täglich anzuwendende Techniken,
um hochsensible Menschen zu stärken in
Lebensqualität & Eigenverantwortung

2. Auflage 2017

Verfasser: Ulrike Domenika Bolls

Herstellung und Verlag: BoD - Books on Demand, Norderstedt

ISBN 9783842382251

Inhaltsverzeichnis

Vorwort

Wie ich zur Meditation kam

Meine erste Berührung mit Meditation hatte ich mit 20 Jahren. Ich war damals bei einer Psychotherapeutin in Behandlung, wegen Angstzuständen und Depressionen. Die Meditationsübungen, die sie mir im Verlauf dreier Jahre gezeigt hatte, waren zum einen dafür gedacht, dass ich in akuten Phasen emotionaler Zusammenbrüche, die ich damals beinahe jeden Tag durchlebt habe, eine Möglichkeit hatte, mich wieder runterzubringen. Zum anderen sollten sie mir auch langfristig helfen ruhiger zu werden und Stress besser abbauen zu können. Und damit haben wir auch schon zwei hervorragende Gründe im Gespräch, weshalb Meditation so hilfreich ist.

Von meiner Hochsensibilität wusste ich damals noch nichts, vielmehr habe ich in meinem Leben bereits viel länger meditiert, als dass ich um diesen Begriff weiß. Aber heute, wo ich mich mit Hochsensibilität professionell beschäftige, erklärt es mir, weshalb ich so viel meditiert habe: Die beiden obengenannten Gründe waren der Einstieg, der Wunsch nach Selbsterkenntnis einer, der später hinzukam.

Aber der Reihe nach. Mit 24 Jahren wohnte ich in der Nähe eines Yoga-Zentrums, was mich dazu motivierte, Yoga zu erlernen. Ich absolvierte dort mehrere Yoga- und auch einen Einsteigerkurs für Meditation. Mit dem, was dort gelehrt wurde, konnte ich allerdings nicht sehr viel anfangen, was aber – wenn ich es heute betrachte – wohl auch daran lag, dass die ganze Atmosphäre in dem Zentrum für meine sensiblen Sinne zu gestresst und zu rigide war. So wurde mir zum Beispiel an einem Meditationsabend untersagt, mit ausgestreckten Beinen zu sitzen oder mit einem bestimmten Finger meine Meditationskette zu berühren, weil dieser Finger in der dort praktizierten Kultur als schmutzig galt. Nein, das war nicht meine Welt.

Aber ich hatte ausreichend lernen und mitnehmen können, um für mich zu Hause Yoga und Meditation zu praktizieren, in meiner privaten Umgebung und meinem Tempo. Seitdem haben mich beide Methoden durch die verschiedenen Lebensphasen begleitet.

Zum Meditieren hatte ich mir damals dann eine Art „Altar" zu Hause eingerichtet, was schlichtweg nur ein Tischchen mit einer Kerze drauf war. Dort setzte ich mich hin, schloss die Augen und zog mich in mich zurück. Zum Abschalten und Aufladen. Ich muss gestehen, das klappte damals noch nicht sehr gut, wenn ich es mit heute vergleiche. Aber diesen Vergleich hatte ich glücklicherweise noch nicht, sondern nur den, mit den schmerzvollen Jahren zuvor und dazu war es eine Verbesserung.

Im Laufe der nächsten zehn Jahre intensivierte ich das Meditieren. Ich lernte viel in Gruppen und praktizierte zu Hause fleißig weiter. Mich motivierte der Ausblick, eines Tages wirklich dort sitzen zu können und in der Lage zu sein, die Gedanken abzuschalten. Ruhe in meinem Kopf. Diese Aussicht erschien mir so paradiesisch, dass ich intensiv dabei blieb, viele Meditationsformen kennenlernte und – ohne dass ich es mich versah – der Aspekt der Selbstfindung in meine Meditationspraxis mit einfloss. Die Frage, wer ich bin, beschäftigte mich. Ich wollte meinen Platz in der Welt finden, mich verstehen, andere verstehen, die mir so oft ein Rätsel waren. Meine eigener Zugang zu meiner Empathie und zu meinen Sinneswahrnehmungen wurden feiner, meine Fähigkeiten mit meinen Emotionen umzugehen verbesserten sich, die Anzahl der Zusammenbrüche nahm deutlich ab.

Bis dahin hatte Meditieren bei mir nur aus stiller Meditation im Sitzen bestanden. Nun lernte ich in Gruppen auch aktive Meditationen kennen, wie die Dynamische Meditation, Whirling oder die Nadabrahma-Meditation. Das war eine tolle Erfahrung, weil ich das Gefühl hatte, dass auf einmal mein ganzes Wesen – Körper inklusive – gefordert war.

Ich spürte, dass es mir gut tat! Daher habe ich auch gleich ein leidenschaftliches Tempo angeschlagen und täglich nie weniger als eine Stunde meditiert – eher mehr. Ich hatte das Gefühl, mit dem Meditieren etwas für mich zu tun, mir etwas Gutes zu tun, für mich zu sorgen, damit ich mich den Widrigkeiten des Lebens entgegenstellen konnte. Ich machte kleine Fortschritte, hatte das Gefühl im Großen und Ganzen ruhiger zu werden und nach und nach etwas mehr Ordnung in mein Emotionschaos zu bekommen. Meditation – und damit Kommunikation mit mir selber – war ein fester Teil meines Tagesablaufes geworden.

Ich war so begeistert, dass ich alsbald anfing, mit Menschen zu arbeiten, ihnen mein Wissen und meine Erfahrungen weiterzugeben, ab und zu in Gruppen und vermehrt in Einzelarbeit. In dieser Zeit habe ich mich viel mit esoterischen Themen beschäftigt und auch damit meinen Lebensunterhalt verdient. In den Gruppen fühlte ich mich ganz gut aufgehoben, ich wollte dazugehören wollen – aber eigentlich auch nicht, weil ich spürte, dass ich anders war, feiner, schneller, tiefer fühlte. Irgendwann kam der Zeitpunkt, an dem ich mir so viel Sicherheit erarbeitet hatte, dass ich meinen Weg, beruflich und für meine persönliche Entwicklung, alleine weitergehen wollte. Ich entwuchs der Esoterik und übernahm die Verantwortung für mein Leben selber.

Heute distanziere ich mich von esoterischen Gedankengut, aber im Nachhinein betrachtet war diese Zeit sehr nützlich für mich gewesen, unter anderem deshalb, weil ich erlernte, die vielen Konzepte, die in der Esoterik und religiösen Traditionen verbreitet werden, konstruktiv zu hinterfragen und eigenständig zu bewerten. Das gab mir eine neue Freiheit und eine interne Sicherheit und Autorität; und ich weiß also, wovon ich rede, wenn ich hier im Buch die eine oder andere Sache als überflüssig bewerte. Diese Aufforderung zur Eigenständigkeit gebe ich heute in meiner Arbeit an meine Klienten weiter.

Es bedurfte fast 15 Jahre kontinuierlicher Arbeit, bis ich so weit war, dass ich die Erfahrung eines ruhigen Geistes nicht nur für die Dauer einiger kurzer Momente erlebte, sondern bei Bedarf selbst herbeiführen und beibehalten konnte. Ich wusste, wer ich war – und wer ich nicht war. Das war es, was ich hatte erreichen wollen.

Zazen (Meditation im stillen Sitzen nach der Zen-Tradition) war die Meditationsform, mit der ich als letztes in Kontakt kam und die ich heute fast ausschließlich nur noch praktiziere. Allerdings nicht in den Regeln und Konzepten, die in Zen-Gruppen praktiziert werden, sondern ohne Brimborium drum herum. Ich nehme die Essenz mit, das Sitzen vor der weißen Wand. Das Sitzen in mir.

Mein Leben mit Hochsensibilität

„Da tauchte jetzt aber wenig Bezug zu Hochsensibilität in Deinem Bericht auf", magst Du denken. Stimmt, denn selbst bis zu dem Zeitpunkt hatte ich für meine Eigenschaften dieses Wort, diese Ursache noch nicht entdeckt.

Ich hatte Zeit meines Lebens gespürt, dass ich irgendwie anders war, meine Welt anders wahrnahm, als es die anderen anscheinend taten. Ich hatte mich von je her für Autismus und Asperger interessiert, habe mit großem Interesse Berichte und Biographien zu dem Thema gelesen, weil ich mich in so vielen Schilderungen über die Wahrnehmung der Welt wiederfinden konnte. Ich wusste, dass ich intrapersonal und spirituell hochbegabt bin. Spiritualität sehe ich dabei als eine geistige Verbindung zum Transzendenten, vollkommen frei und unabhängig von religiösen und esoterischen Konzepten. Im spirituellen Bereich zeigt sich mir meine Begabung vor allem, weil mir diese ganze innere Arbeit um die Selbsterkenntnis, viel leichter zu fallen schien, als den Leuten aus meinem Umfelde.

Ich wusste, dass ich sehr viel empfindlicher auf Reize aus der Umwelt reagiere, als die meisten Menschen. Aber dass es dafür einen Begriff gibt, eine Erklärung, das hatte ich nicht erwartet. Ich habe ja funktioniert und dachte, dass es normal wäre, dass das Leben so schwer sei. Als ich das erste Mal über die Begriffe Hochsensibilität und HSP (Hochsensible Person) stolperte, war ich regelrecht erleichtert. Das erklärte mir meine Wahrnehmung, meine Empfindlichkeit, meine Fähigkeiten.

Ein paar Jahre später erhielt ich zudem eine positive Diagnose für das Asperger-Syndrom, was ich mich ebensolcher Erleichterung aufnahm.

Diese neuen Erkenntnisse erklärten mir – um beim Thema Meditation zu bleiben – weshalb ich mich so konzentriert in die Meditation gestürzt habe – und habe stürzen können.

Ich habe dann beschlossen, wenn die erste Hälfte meines Lebens schon recht mühsam war mit der Unbekannten Hochsensibilität in der Gleichung, es mir wenigstens in der nächsten Hälfte möglichst leicht zu machen. Ich erarbeitete mir, welche Faktoren mich beeinträchtigen und entwickelte Maßnahmen und Lösungen, um es mir in diesen Bereichen leichter zu machen. Da ich zu diesem Zeitpunkt schon seit über zehn Jahren als Coach arbeitete, konnte ich auf einen großen Erfahrungsschatz an Lösungsstrategien zurückgreifen.

Meine Grunderkenntnis war jedoch, dass ich es mir sogar schon sehr gut eingerichtet hatte, um glücklich leben zu können! Es waren nur mehr vornehmlich Kleinigkeiten, die ich optimieren konnte. Der Grund für mein bereits zufriedenes Leben war meine ausgereifte Selbstkenntnis, die ich mir mit intensivem Einsatz seitdem ich 20 Jahre alt war, erarbeitet hatte. Meditation war ein massiver Bestandteil dieser Arbeit.

Wie die Idee zu diesem Buch entstand

Erst zu jenem Zeitpunkt realisierte ich, welche große Bereicherung Meditation für hochsensible Menschen sein kann. Wir haben das Bedürfnis nach innerer Ruhe in einer reizbeladenen Welt und bringen die Befähigung mit, nämlich Feinfühligkeit und Offenheit für neue Erfahrungen.

Ich habe auf meinem Wege eine Menge Bücher über Meditation kennengelernt, manche besser, manche schlechter, die wenigsten kamen mir ausreichend auf den Punkt. Viele reden viel, anstatt praktische Tipps zu bieten.

Meditationsbücher gibt es also zahlreiche, aber keines für Menschen die überdurchschnittlich sensibel auf Reize reagieren. Wir ticken anders, haben andere Ticks, die in Betracht gezogen gehören. Eine Umfrage in meinem Hochsensiblen- und Asperger-Bekanntenkreis ergab dann auch eindeutig, dass Bedarf für ein Buch bestünde, das sich speziell mit Meditation für diese Zielgruppe beschäftigt.

Also keimte die Idee in mir, dieses Buch zu schreiben. Die Qualifikation, dachte ich mir, bringe ich allemal mit: Mehr als 10.000 Stunden meines Lebens habe ich darauf verwendet, mich kennenzulernen, in Kursen, Seminaren, Ausbildungen und meinem stillen Kämmerlein. Heutzutage arbeite ich als Coach für Hochbegabte & Hochsensible – auch mit Asperger –, ich biete Begleitung und Ausbildung in Meditation an und unterstütze auf diese Weise unter meinem Firmennamen Highmat® Menschen dabei, ihre innere Heimat wiederzufinden. Ich kann aus persönlicher und beruflicher Erfahrung auf profunde Kenntnisse in Meditation zurückgreifen, habe mir in den Jahren einen großen Schatz an Tipps, Tricks, Praktiken und Vereinfachungen angesammelt, aus dem ich schöpfen kann.

Also, wer sonst, wenn nicht ich?! Ich setzte mich hin und schrieb los; das Resultat hältst Du jetzt in Deinen Händen. Vielmehr Teil 2! Denn mein Anliegen war ursprünglich ein Buch names „Meditation für Aspies & Hochsensible" zu schreiben. Während des Schreibprozesses habe ich aber recht schnell festgestellt, dass sich die beiden Gruppen, auch wenn es große Schnittmengen gibt, nicht so leicht in einen Hut werfen lassen. Nicht, wenn ich beiden gerecht werden will. Also beendete ich das erste Buch als „Meditation für s" und überarbeitete dann das Manuskript unter den Gesichtspunkten der Hochsensibilität.

Alle Tipps, die Du in diesem Buch findest sowie alle Beschreibungen und Texte, beruhen auf eigener Erfahrung, die ich durch eigene Meditation oder durch meine Arbeit mit Klienten gesammelt habe. Ich hoffe Dir damit einen guten Start in einen neuen Abschnitt Deines Lebens geben zu können, nicht mit den Worten eines Oberlehrers, sondern eher mit denen einer guten Freundin.

Einleitung

Ich mache Dir nichts vor, „Meditieren lernen in 5 Minuten", wie es in unseren geschäftigen Zeiten verlangt wird, gibt es nicht. Meditieren zu lernen ist ein andauernder Prozess. Sich dafür zu entscheiden, kann das Leben verändern und da Du dieses Buch in den Händen hältst, nehme ich an, dass Du in Deinem Leben etwas verändern möchtest. Vielleicht möchtest Du mehr innere Ruhe und Entspannung erlangen und ausgeglichener werden. Vielleicht wünscht Du Dir auch mehr Klarheit darüber, wer Du bist, mehr Selbsterkenntnis. Wie wäre es mit einem engeren Kontakt zu Deinen Emotionen, damit Du sie besser kennenlernst und besser mit ihnen umgehen kannst? Das sind Effekte von Meditation.

Jeder Hochsensible hat spezielle Eigenschaften, die sein Leben und seine Persönlichkeit auszeichnet, mal mehr hiervon, mal mehr davon, da ist jeder von uns seine ganz eigene, individuelle Mischung. Meditation ist ebenso individuell, wie die Menschen, die meditieren. Wenn Du fragst „Was ist Meditation?" wirst Du so viele unterschiedliche Antworten bekommen, wie die Anzahl an Menschen, die Du befragst.

Natürlich gibt es keine spezielle Meditation für Hochsensible. Oder sogar gegen Hochsensibilität. Aber aus dem großen Gebiet der Meditation lassen sich Punkte herausarbeiten, die Hochsensiblen den Einstieg und die Praxis von Meditation erleichtern. In diesem Buch beleuchte ich Aspekte von Hochsensibilität unter dem Gesichtspunkt der Meditation. Wie können uns unsere Eigenschaften beim Meditieren unterstützen? Welche Meditationen sind für unsere Eigenschaften geeignet? Darauf wirst Du Antworten finden.

Mein Buch richtet sich zum einen an Meditationsanfänger. Vorbereitungen und Übungen für den Alltag, Informationen über Meditationsformen, eine Checkliste für die Meditationspraxis bieten eine umfassende, zweckmäßige Übersicht über das Thema Meditation.

Fortgeschrittenen vermag vielleicht gerade meine großzügige Herangehensweise eine neue Sichtweise auf ihre Meditationspraxis bieten. Für neue Freiheiten und Inspirationen ist damit auch für Erfahrene gesorgt.

Dieses Buch ist frei von religiösen oder esoterischen Konzepten. Es ist neutral formuliert und appelliert an einen eigenverantwortlichen Umgang mit Meditation, welcher vorgeschriebene Regeln in Frage stellen und revidieren darf. Auch wenn ich viele Meditationstraditionen kennengelernt habe, folge ich heute keiner mehr. Mein Anliegen ist vielmehr die Essenz von Meditation nahezubringen, die weder an Regeln, Traditionen oder Glauben gebunden ist. Die Essenz ist das, was jede Meditation ausmacht, wenn sich der Meditierende allein auf sich konzentriert und mit sich in Kontakt geht. Von dort aus kann jede Meditationsform praktiziert werden, ungeachtet von Konzepten.

Von Meditation sagt man, dass es ein lebenslanger Prozess sei, Hochsensibilität auch; man könnte scherzhaft sagen, dass allein deshalb beide schon einmal gut zusammenpassen. Aber darüber hinaus, was viele Hochsensible selber gar nicht wissen, bringen gerade wir Hochsensiblen Fähigkeiten mit, die Meditation fördern.

In den Kapiteln „Übungen für den Alltag" und „Tipps für Anfänger" findest Du ebenso generelle Tipps als auch spezielle für Hochsensible.

Einige Dinge wiederhole ich an verschiedenen Stellen des Buches, aus dem Grunde, dass jeder Leser sich die Kapitel herauspicken können soll, die ihn gerade vornehmlich interessieren. Du findest im Zuge dessen Querverweise zu anderen Kapiteln, um Dir die Anwendung des Buches zu erleichtern.

Also, legen wir los, damit Du bald beginnen kannst!

Kapitel 1

Was ist Meditation?

Gängige Vorurteile gegenüber Meditation

Da ich schon mehr als mein halbes Leben meditiere, sind mir im Laufe der Zeit auch viele Vorurteile diesbezüglich zu Ohren gekommen. Hier möchte ich mit den häufigsten aufräumen, damit Du davon unbelastet ins Thema einsteigen kannst.

Vorurteil: Meditation ist für Gutmenschen und Weicheier

Dieser Eindruck wurde meiner Meinung nach in den 70ern und 80ern geprägt. Damals waren Menschen, die meditierten, meistens Hippies und Ökos (was damals eher als Schimpfwort zu verstehen war), die von ihren Reisen nach Indien womöglich noch verrückte Frisuren und neue Vornamen mitbrachten.

Aber auch heute vermag dieser Eindruck noch zu entstehen. Viele Meditierende, die man vor allem in Meditationsgruppen oder Centern trifft, könnte man so bezeichnen. Das kommt häufig durch eine übertriebene, wohl gewünschte, aber häufig nur künstlich aufgesetzte Art von innerer Ausgeglichenheit und falschverstandenen Mitgefühls. Diese Form der künstlichen Übertreibung führt dazu, dass normale menschliche Eigenschaften des Gefühlsspektrums, wie Wut, Gereiztheit oder Ungeduld unterdrückt werden. Dadurch erscheinen diese Menschen wie weichgewaschen, leise redend, verklärt lächelnd. Das ist kein Zustand, den Du zu imitieren oder gar anzustreben bräuchtest.

Es kommt vor, dass dieses Gutmenschentum sich bis in die Art der Meditation hinein erstreckt. Das sieht dann so aus, dass die Absicht der

Meditation zum Beispiel wie folgt lautet: „Ich wünsche Mitgefühl und Liebe für alle Menschen und Wesen des Universums." Ja, das mag ein hehrer Ansatz sein, führt aber meines Erachtens am Sinn einer Meditation vorbei. In einer Meditation geht es um Dich. Nicht um alle Menschen und Wesen im Universum. Und wenn man sich auf das Miteinander konzentrieren will, sollte das Ziel auch nicht sein, alle Menschen und Wesen lieben zu müssen, sondern vielmehr einen besonnenen, reflektierten, erwachsenen Umgang miteinander zu erreichen.

Solltest Du mal in einer Meditations-Gruppe landen, wo so etwas angeleitet wird, rate ich Dir, den Satz für Dich umzumünzen auf: „Ich bringe mir Mitgefühl entgegen und liebe mich." Damit nämlich beginnt die Umsetzung für alle Menschen und Wesen, mit Dir. Wie solltest Du anderen Liebe entgegenbringen, wenn Du es für Dich nicht tust. Und diese Aufgabe ist zunächst einmal groß genug.

Hier folglich mein Fazit: Meditieren ist etwas für ganz normale Menschen, mit allen Gefühlen und Gelüsten, die das Leben zu bieten hat.

Vorurteil: Meditation ist nur etwas für Asketen

Dieses Vorurteil ist dem vorherigen ähnlich und fußt in den gleichen Ursachen. Es ist ebenfalls eine Form der Übertreibung, künstlichen Verstellung und der Negierung der eigenen Bedürfnisse. Das kann dann so klingen, wie hier zum Beispiel: „Wenn ich meditiere, dann will ich auch keine tierischen Produkte nutzen und nur frisches Mondquellwasser trinken. Seitdem ich fünf Stunden am Tag meditiere, brauche ich übrigens auch nur noch fünf Stunden Schlaf." So, wie alles andere auch, kann man auch das Meditieren übertreiben.

Die Meditationszeit darf nicht auf Kosten Deiner Gesundheit gehen. Ich bin eine Befürworterin ausgewogener, gesunder Ernährung und ausreichenden Schlafes. Du brauchst also kein Asket zu werden, um meditieren zu können.

Vorurteil: Zum Meditieren braucht man eine Gruppe, denn in der Gruppe ist die Energie viel stärker

Meine Antwort darauf ist immer: „Wenn Du zum Meditieren eine

Gruppe brauchst, musst Du noch viel meditieren!" Wenn Du an so etwas wie Energien glauben magst, dann nutze es nicht als Ausrede, um nicht zu meditieren. In der Meditation geht es um die innere Kommunikation mit Dir selbst. Das ist ein Monolog. Dazu brauchst Du nichts oder niemanden, den Du nicht eh schon dabei hättest: Dich. Oder nenne es einen Dialog zwischen Dir und Deinem Unterbewusstsein; zwischen „me, myself and I" – wie man auf Englisch sagen könnte.

Diese Aussage ist wohl meistens darin begründet, dass diejenigen, die behaupten, in einer Gruppe besser meditieren zu können, sich alleine nicht aufraffen können, überhaupt mit der Meditation zu beginnen, sie durchzuhalten oder es mit sich selbst alleine im Kontakt nicht aushalten. Da bildet die Gruppe eine gute Hilfe, den inneren Schweinehund zu überwinden, aber auch Grund zur Ablenkung.

Also: Meditation in einer Gruppe ist möglich; aber nicht notwendig.

Vorurteil: Ich habe schon mal meditiert, aber das hat nicht geklappt. Ich glaube, das ist nichts für mich.

Viele Anfänger starten mit zu hohen Erwartungen in ihre ersten Meditationsversuche. Sie wählen die Meditation im stillen Sitzen, die für Anfänger eine große Herausforderung darstellt, und werden schnell frustriert, wenn die Gedanken nicht zur Ruhe kommen. Mir erzählte sogar einmal einer meiner Klienten, dass er sich so lange die Luftzufuhr abschneidet, bis er fast ohnmächtig wird, damit er in einen Zustand der Ruhe kommt! Ich war schockiert ob so einer gefährlichen Vorgehensweise, die dem, was Meditation bedeutet, geradezu konträr entgegensteht und rate dringend davon ab – zumal sie nicht einmal von Erfolg gekrönt war. Aber diese Geschichte zeugt auch von der Verzweiflung, die dahinter verborgen liegt, dem drängenden Wunsch nach Ruhe.

Und hier beginnt gleich die erste Lektion von Meditation: Geduld. Meditation ist eine langfristige Methode, die ihre Wirkung sukzessive entfaltet. So wie beim Erlernen eines Instrumentes, einer Fremdsprache oder einer Sportart, braucht es Übung und Training, bis sich die ersten Erfolge einstellen. Und es bedarf der richtigen Methode, die auf Deine

Art zu lernen, zu denken, zu fühlen abgestimmt ist. Fundierte Tipps für Anfänger findest Du hier im Buch.

Vorurteil: Meditieren ist doch nur Rumsitzen

Das vermag bei einer stillen Meditation in der Tat von außen so auszusehen, aber als sensibler Mensch wissen wir, dass äußerlich ein ruhiger Mensch innerlich doch ganz aktiv sein kann. Und bei einer Meditation bist Du innerlich aktiv. Wenn Du mit Meditation beginnst, ist meistens Dein Geist am aktivsten und redet fleißig auf Dich ein. Das Ziel ist, Deinen Geist zu beruhigen, um eine aktive Ruhe zu erlangen.

Wie Du hier im Buch mitkriegen wirst, gibt es im Gegensatz zu den stillen Meditationen aber auch viele aktive Meditationen, bei denen nicht gesessen wird, sondern gehüpft, gezappelt, getanzt, getobt wird. Eine Übung für Körper und Geist.

Letzten Endes ist es egal, ob Du Dich bewegst oder ruhig sitzt; aus einer Aktivität kannst nur Du eine Meditation machen, mit der Macht Deiner Konzentration, Deiner inneren Haltung, Deiner Absicht. Wenn Du diese Herausforderung annimmst, wird aus dem Rumsitzen eine Meditation.

Vorurteil: Meditieren ist langweilig

Diese Meinung rührt daher, dass das klassische Bild von einem Meditierenden, eines einer still sitzenden Person ist, mit geschlossenen Augen, in ruhiger Natur. Das sieht in der Tat nicht so aus, als wäre das der Mittelpunkt der Action.

In einem biographischen Film über Stephen Hawking (*A Brief History of Time*, 1991) erzählte seine Frau, von einer Party, auf der sie beide waren. Stephen, an ALS (Amyotrophe Lateralsklerose) erkrankt und im Rollstuhl sitzend, hockte still und allein in einer Ecke. Da sei sie zu ihm gegangen und sagte: „Stephen, komm' mische Dich unter die Gäste. Ich weiß, dass Du Dich amüsierst, aber die anderen Leute wissen nicht, dass Du hier sitzt und mit Dir Deinen Spaß hast." Ihm war alles andere als langweilig, weil er für sich denken konnte. Er brauchte keine Amüsements von außen. Er genügte sich selbst. Ob Stephen Hawking währenddessen bemüht war, seinen Gedanken freien Lauf zu lassen oder ob er über einer Herausforderung gegrübelt hat, vermag ich nicht zu sagen. Aber diese Geschichte eignet sich in jedem Falle zum Vergleich mit einem Meditierenden.

Von außen mag es langweilig anmuten, denn *in* Dir geschieht das, was zählt. Und wenn Du ehrlich zu Dir bist, wird Dir unter Garantie mit Dir nicht langweilig werden.

Vorurteil: Meditation hat mit Religionen, Buddha oder Esoterik zu tun

Wo die Ursache für diese Aussage liegt, ist klar: Im Westen kennen wir Meditation aus östlichen Kulturen. Der bequem anmutende Buddhismus, mit seinem Abbild des still, lächelnden Buddhas ist auch bei uns sehr populär geworden und damit auch seine spirituellen Techniken, wie Meditation. Und Esoterik ist eine moderne Mischung verschiedenen spirituellen Gedankenguts, mit diversen Aspekten östlicher Religionen, da darf Meditation nicht fehlen.

Auch in christlichen Praktiken sind Meditationen bekannt, die meistens unter dem Begriff Kontemplation zusammengefasst werden.

Fakt ist: Selbst wenn die Tradition von Meditation im Osten geprägt worden ist, oder in religiösen Rahmen angeboten wird, benötigt man keinen Zugang zu Religion oder Spiritualität, um zu meditieren. Im Gegenteil, würde ich sogar behaupten, denn ohne derartige Konzepte, ist die Konzentration nur auf Dich gerichtet und nicht auf religiöse Konzepte.

Vorurteil: Ich bin zu alt, um meditieren zu lernen

Diese Aussage ist gleichermaßen Vorurteil wie Ausrede. Denn eines ist gewiss: Niemand ist zu alt, um meditieren zu lernen. Auch wenn ich mehrfach schreibe, dass es wahrscheinlich vieler Jahre bedarf, bis der Geist endlich einmal Ruhe gibt, so gibt es in der Regel doch bereits nach einigen Monaten spürbare Resultate und eine Steigerung der Lebensqualität. Also greift das Argument, dass Du die Ergebnisse Deiner Mühen nicht mehr wirst miterleben können, nicht überzeugend.

Eine andere Tatsache ist ebenfalls gewiss: Hochsensibel wirst Du bist zu Deinem Lebensende sein. Und wenn Du schon „so alt" bist, solltest Du die nötige geistige Reife mitbringen, um eigenverantwortlich für Dein Wohlergehen zu sorgen. Wieso also nicht dafür sorgen, dass diese Zeit, wie lang – oder kurz – sie auch noch sein mag, mit so viel Lebensqualität wie möglich für Dich gefüllt ist?

Die älteste Person, mit der ich für ihre Lebensqualität gearbeitet habe, war übrigens 72 Jahre alt. Also, zu alt gibt es nicht.

Was ist denn nun Meditation?

Sollte ich Meditation mit wenigen Worten beschreiben, würde ich diese Adjektive wählen: Meditation ist erholsam, kräftigend, schonungslos, klärend und in jedem Falle bereichernd.

Freilich gibt es auf die Frage, was Meditation sei, ebenso viele Antworten wie Meditierende, denn Meditation ist eine individuelle, persönliche Erfahrung. Eines ist sicher, Meditation ist so viel mehr, als eine Entspannungsmethode. Meditation, wie ich es verstehe und unter dem Namen Highmat® Meditation lehre, ist der Austausch mit sich selbst. Der ungetrübte Kontakt mit seinem Inneren, das Versinken in sich selbst.

Die gute Nachricht ist: Dieses Versinken kannst Du selbst herbeiführen. Die schlechte Nachricht ist: Dieses Versinken kannst *nur* Du selbst herbeiführen. Die Verantwortung liegt bei Dir. Meditation ist ein eigenverantwortlicher Prozess. Es benötigt Eigenverantwortlichkeit und fördert Eigenverantwortlichkeit. Es ist ein Prozess, der Konzentration benötigt und Konzentration fördert. Denn allein die bewusste Konzentration auf das Hier & Jetzt, macht aus purem Rumsitzen eine Erfahrung in Präsenz. Alleinig die innere Konzentration auf das Nichts, macht aus purem Rumsitzen eine Meditation.

Um das zu erreichen, gibt es zahlreiche und sehr unterschiedliche Formen von Meditation; sei es das bekannte Stillsitzen, eine ruhige Geh-Meditation oder aktive Meditationsformen mit Tanzen und

Schreien. Manche Formen beziehen den Körper aktiv mit ein, auch die Stimme oder die Natur können Bestandteile sein, wohingegen bei andere der Fokus allein auf den Geist gelenkt wird.

Die vielseitigen Methoden erlauben, je nach Lebensphase und Erfahrung, die am besten geeignete auszuwählen und diese so lange zu praktizieren, bis es Zeit für eine (innere oder äußere) Veränderung ist. Denn Meditation verändert Dich und Du veränderst Deine Meditation. Meditation ist ein Prozess, der über Jahre immer Neues zu Tage bringt. So, wie Du nach dem Lesen eines Musik-Buches wohl bekanntlich nicht in der Lage sein wirst, ein Instrument zu spielen, so lehrt Dich das Lesen eines Meditations-Buches nicht das Meditieren.

Um zu meditieren ist es darüber hinaus auch nicht wichtig, um die Tradition von Meditation zu wissen. Um zu meditieren, ist es nicht wichtig, an eine Gottheit, einen Propheten oder geistigen Führer zu glauben. Denn zur Meditation brauchst Du nichts, keine Zimbeln, keine Räucherstäbchen, keine Verbeugungen oder künstlichen, geistigen Konstrukte.

Bei einer Meditation geht es nämlich um Dich, sonst nichts. Es geht um das Tun. Es einfach machen. Meditieren. Du bringst jetzt schon alles zum Meditieren mit, was Du brauchst: Dich.

Kapitel 2

Die Nutzen von Meditation
für hochsensible Persönlichkeiten

Wozu ist Meditation im Allgemeinen gut?

Eine meiner Klientinnen meinte einst so treffend zu mir: „Meditieren ist wie ein kleiner Urlaub. Der Kopf schaltet ab und ich bin nachher total erholt!"

Kein Wunder, denn es ist wissenschaftlich nachgewiesen, dass sich beim Meditieren der Herzschlag verlangsamen, die Atmung vertiefen und Muskelspannungen sich reduzieren können; Bluthochdruck sinkt, Stress wird reduziert, emotionale Prozesse werden unterstützt, das Wohlbefinden gesteigert. Natürlich sind diese Ergebnisse abhängig von der Erfahrung des Meditierenden und der Art der Meditation.

Die physikalischen Vorzüge und die sensibilisierte Körperwahrnehmung stehen jedoch als Motivation, um mit Meditation zu beginnen, eher im Hintergrund. Sie bilden sozusagen einen positiven Bonus. Im Vordergrund steht vielmehr der Wunsch, mal abschalten zu wollen, das Verlangen nach Ruhe und Ausgeglichenheit. Diese Sehnsucht nach innerem Frieden ist der Grund, weshalb die meisten Menschen beginnen zu meditieren, so tat ich es damals auch.

Was den Raum für die innere Ruhe öffnet, ist die Tatsache, dass Du während einer Meditation nur eine Sache auf einmal tust. Du konzentrierst Dich einzig darauf, was Du für Dich entschieden hast, Deinen Atem, Deinen Körper, Dich. Du brauchst nicht nachzudenken, was als nächstes kommt, denn die Prozedur ist festgelegt, es besteht keine Notwendigkeit für Variationen. Das ist das Gegenteil von Multi-Tasking, Single-Tasking sozusagen.

Du kannst ganz loslassen, denn Du wirst während der Meditation unterstützt, vom Boden, Stuhl, Rasen, von Deinem Körper und Deinem Verstand. Hier ist ein innerer und äußerer Raum, um es Dir in Deinem Körper bequem einzurichten. Du darfst Dein Gewicht abgeben und Anspannungen loslassen.

Diese körperliche Ruhe ebnet den Weg für den nächsten Schritt in der Meditationspraxis: Der innere Kontakt mit sich selbst. Das Entdecken, wer ich bin, wenn das aufdringliche Gequatsche des Verstandes mal ignoriert werden darf.

Das Zentrieren nach Innen erlaubt eine ehrliche Kommunikation mit sich selbst, für Selbsterkenntnis. Der Zugang zu den eigenen Emotionen öffnet sich. In dieser Phase ist eine Meditation erfolgreich, wenn der Meditierende während seiner Meditation etwas Neues über sich erfährt. Die Mediation wird hier zum bewertungsfreien Raum. Nichts ist schlecht oder falsch an Dir, alles ist einfach so, wie es ist, Du bist so in Ordnung, wie Du bist.

Der Vorteil gegenüber anderen Wegen zur Selbsterkenntnis und damit die Stärke von Meditation ist, dass sie keiner Hilfsmittel bedarf und überall unmittelbar anwendbar ist. Hinzu kommt der Weg in diese Erfahrung, welcher Konzentration, Ausdauer, Hoffnung, Geduld und Durchsetzungsvermögen lehrt. Alles Attribute, die ein stabiles Fundament für geistige Gesundheit, ein gesundes Selbstvertrauen und ein eigenständiges Leben bilden.

Meine Top 15 pro Meditation

Meditation...
1. fördert die Gesundheit
2. fördert die Körperwahrnehmung
3. fördert die Konzentration
4. fördert das Durchhaltevermögen

5. fördert das Durchsetzungsvermögen
6. fördert die Geduld
7. fördert die Hoffnung
8. fördert physische Entspannung
9. fördert psychische Entspannung
10. fördert die innere Kommunikation
11. fördert die Toleranz
12. fördert den Zugang zu den eigenen Gefühlen
13. fördert die Selbsterkenntnis
14. bedarf keiner Hilfsmittel oder fremder Hilfe
15. ist überall und jederzeit einsetzbar

Warum ist Meditation für Hochsensible gut?

Nachdem Du jetzt weißt, weshalb Meditation für jedermann förderlich ist, möchte ich genauer spezifizieren, weshalb Meditation gerade für Hochsensible lohnenswert ist.

Dein Leben wird durch Meditation nicht „normal" werden. Aber vielleicht ein Stückchen normaler, weil Du Reizen gegenüber gelassener werden kannst. Hochsensible reagieren in der Regel sehr empfindlich auf Reize aus der Umwelt. Visueller, akustischer, haptischer oder olfaktorischer Input, bei einigen HSP auch Stimmungen und Schwingungen der Mitmenschen, werden sehr viel sensibler wahrgenommen, als es andere Menschen tun. Diese Hochsensibilität kann schnell zu einer sensorischen Überlastung (*sensory-overload*) führen, wodurch sich innerer Stress aufbaut, der im schlimmsten Fall in einer Depression, einem psychischen Zusammenbruch (*meltdown*) oder Burn-Out gipfeln kann.

Diese Erfahrungen sind sehr anstrengend, beängstigend, bedrohlich und hinterlassen ein Gefühl von Hilflosigkeit, das Gefühl ausgeliefert zu sein und von Andersartigkeit; für den Betroffenen selber sowie für sein Umfeld. Um solchen drastischen Zusammenbrüchen vorbeugen zu können, bedarf es einer guten Selbsteinschätzung, einer diffizilen Kenntnis über die eigenen Gefühle und Grenzen, eines Gespürs für eigene Bedürfnisse und der Fähigkeit, all diese Erkenntnisse in praktikablen Plänen umsetzen zu können. In einer Welt voll unberechenbarer Faktoren, ist es oftmals nicht möglich, erfolgreich Prävention betreiben zu können.

Der perfekte Weg zur Vorbeugung von Zusammenbrüchen besteht oft aus eine Mischung verschiedener Faktoren, von denen Meditation ein verlässlicher und langfristig effektiver sein kann. Meditation eignet sich dafür aus mehreren Gründen:

Zum einen wird Deine innere Wahrnehmung feiner, sowohl physischer als auch psychischer Art. Du bekommst eine differenziertere Kenntnis Deiner Gefühlswelt, so bemerkst Du Deine persönlichen Körper- und Seelen-Signale für einen bevorstehenden Zusammenbruch früher und kannst dementsprechend zeitiger gegensteuern.

Zum anderen erhältst Du durch die Arbeit mit Dir in der Meditation neue Strategien, wie Du mit Dir, Deiner Wahrnehmung und Deinen Gefühlen umgehen kannst. Du wirst mit der Zeit sicherer und selbstbewusster im Umgang mit Deinen Emotionen, selbst in stressigen Situationen. Auf diese Weise erlangst Du neue Lösungswege, um während eines Zusammenbruchs bestmöglich agieren zu können.

Darüber hinaus wirst Du mit zunehmender Meditationspraxis ausgeglichener und gelassener werden, was eine gute Voraussetzung dafür ist, dass Zusammenbrüche im Allgemeinen seltener auftreten. Die Gelassenheit hilft naturgemäß auch in anderen stressgeladenen Alltagssituationen, wie Situationen von Mobbing, Ängsten, Langeweile, Ausgrenzung. Diese Faktoren führen in der Summe zu einer größeren Toleranz und einer gesunden Abgrenzung gegenüber den Reizen des Alltags.

Die gesteigerte Sensibilisierung und tiefere Kenntnis Deiner inneren Prozesse, führen zu einer differenzierteren Selbstwahrnehmung und Selbsterkenntnis. Du lernst Deine Gefühlswelt kennen und beginnst sie zu verstehen. Auf diese Weise schärfst Du Dein Selbstbild, bekommst einen Eindruck davon, wer Du bist.

Für normalsensible Menschen mag diese Selbsterkenntnis etwas sein, worüber sie nachdenken mögen – oder auch nicht. Sie passen in die Gesellschaft, fühlen sich als Teil ihrer, brauchen nicht viel Anstrengung, um ihren Platz im Leben zu finden. Manche beschäftigen sich mehr damit als andere, jedoch häufig auch erst nach einer Lebenskrise. Demgegenüber ist gerade für Dich als Hochsensibler, für jemanden, der von Geburt an nicht in die Normen der Gesellschaft passt, die Selbsterkenntnis für eine stabile Psyche notwendig; notwendig für ein klares Verständnis darüber, wer Du bist. Dieses Selbstbild ist eine Kombination davon, wie Dich andere wahrnehmen, wie Du Dich wahrnimmst, was Du über Dich denkst und inwieweit Du Dich akzeptieren kannst.

Um Deinen eigenen Wert zu wissen, Deine eigene Bewertung, Deine eigene Wahrnehmung von Dir als Hochsensibler in unserer Gesellschaft, ist ein essentieller Bestandteil für ein selbstbestimmtes, zufriedenes Leben.

Ein anderer Pluspunkt für ein differenziertes Gefühlsleben ist dieser: Je besser Du um Deine eigenen Gefühle weißt, desto besser wirst Du die anderer erkennen und Dich von ihnen gesund abschirmen können. Meditation – die innere Arbeit mit Dir – eröffnet Dir einen neuen Zugang zu Deiner Gefühlswelt. Du kannst Dich Dir und Deinen Gefühlen in Ruhe und in einem sicheren Umfeld, das die Meditation Dir bietet, kennenlernen.

Darüber hinaus schult Meditation die eigene Körperwahrnehmung. Und zwar über eine sanfte, ganzheitliche Methode, die Dich behutsam den Körper von innen heraus kennenlernen lässt.

Beim Meditieren brauchst Du Dich nicht zu fragen, „Wie soll ich sein?", sondern da ist die Frage: „Was will ich von mir?" Was willst Du für Dich persönlich erreichen? Entspannung? Selbstständigkeit? Dich selber kennenlernen? Mit Dir selber klarkommen? Mehr Lebensqualität? Dein Ziel steht hier im Mittelpunkt.

Mit Meditation tust Du etwas für Dich. Du sorgst für Dich und schaffst Dir selbst die Grundlage für ein eigenverantwortliches Leben.

Weshalb Hochsensible gut meditieren können

Jetzt hast Du viele Gründe gehört, weshalb Du als Hochsensibler meditieren *solltest*. Lass mich nun noch ein paar Worte darüber verlieren, weshalb Du als Hochsensibler besonders gut meditieren *kannst*!

Meditation ist, wie Du schon gelesen oder erfahren hast, ein innerer Prozess. Auch wenn Du eine aktive Meditation praktizierst, die nach außen hin sehr spektakulär aussieht, wie zum Beispiel die Dynamische Meditation, so geht es selbst bei dieser Extrovertiertheit um den inneren Dialog. Und um diesen inneren Dialog führen zu können, bedarf es einer feinen Wahrnehmung seiner selbst. Es ist eine zunächst subtile, diffizile Sprache, die dort gesprochen wird. In der inneren Sprache sind es oft die kleinen Sachen, die den Ton in der Musik ausmachen. Das ist keine Sprache mit Vorschlaghammer – es sei denn er kommt z.B. als Burn-Out, wenn er zuvor nicht erhört wurde.

Um diese leisen Signale wahrnehmen zu können, bedarf es erst einmal einer Wahrnehmung dieser kleinen Details, gepaart mit einer Liebe zum Detail. Ein liebevolles Annehmen dessen, was ist, was geschieht, was gesprochen wird, zwischen Verstand, Körper und Seele.

Dafür braucht es feine Antennen nach innen, damit dieses Zwiegespräch auch Früchte tragen kann. Und nur weil Du feine Antennen nach außen hast, wie zum Beispiel eine hohe Lichtempfindlichkeit oder sensible Hautwahrnehmung, heißt das natürlich nicht automatisch, dass Du auch feine Antennen nach innen hast. Aber – und darauf kommt es an – es wird Dir leicht fallen, diese innere Gerichtetheit aufzubauen. Denn die Sensibilität bringst Du mit. Und wenn sie nach außen schaut, kann sie auch nach innen schauen. Das mag etwas Arbeit kosten, zumal Dir die hochsensiblen Sinne ja sozusagen kostenlos in die Wiege gelegt worden sind, so ist die Inneschau nicht von heute auf morgen zu erreichen. Aber Du bringst die besten Voraussetzungen mit, Deine innere Kommunikation aufzubauen.

Welche Meditation für welchen Aspekt Deiner Hochsensibilität passend ist, findest Du unter „Meditationsformen & HSP-Eigenschaften" in Kapitel 6.

Du siehst, als HSP bringst Du die Grundlage mit, die Dir die Meditation erleichtert. Und Du siehst, Dir als HSP bringt Meditation vieles, was Dir Dein Leben zu erleichtern vermag.

Meine Top 15 pro Meditation für Hochsensible

Meditation...

1. hilft präventiv gegen Zusammenbrüche
2. hilft in Stress-Situationen, wie z.B. Zusammenbrüchen
3. reduziert die Häufigkeit von Zusammenbrüchen
4. fördert Toleranz
5. fördert die Körperwahrnehmung
6. fördert die Selbsterkenntnis, für Deinen Platz in der Welt
7. fördert physische Entspannung
8. fördert psychische Entspannung
9. fördert den Umgang mit der eigenen Sensibilität
10. fördert den Umgang mit den eigenen Gefühlen
11. erleichtert eine gesunde Abgrenzung zu Mitmenschen
12. bedarf keiner fremden Hilfe
13. erfordert sensible Wahrnehmung
14. erfordert Aufmerksamkeit
15. erfordert Liebe zu Details

Kapitel 3

Motivation zur Meditation

Eines der Themen, das mir in meiner Arbeit immer wieder begegnet, ist die Motivation. Und weil Meditation eine Technik ist, die Durchhaltevermögens bedarf, ist es wichtig, ausreichend motiviert zu sein. Also bevor wir weiter in die Materie einsteigen, möchte ich diesem Thema ein Kapitel widmen.

Tatsache ist, dass man niemanden zur Meditation zwingen kann, wenn er nicht will. Dann säße er einfach die Zeit ab oder hampelte resigniert vor sich hin, ohne sich mit seinem Bewusstsein auf eine neue Erfahrung einzulassen.

Es ist also wichtig, dass Du eine Art Grund-Motivation mitbringst, auf die Du aufbauen kannst. Die vorherigen Kapitel können Dir Argumente für diese Basis an Motivation geben, dort habe ich viele Pluspunkte von Meditation im allgemeinen und für HSP im Speziellen aufgeführt.

Hier sind Tipps, wie es außerdem langfristig klappen kann.

Tipps, um motiviert zu bleiben

Entscheidung

Entscheide Dich bewusst dafür, meditieren zu wollen. Diese Entscheidung ist ein innerer Akt. Das braucht gar nicht lange zu dauern, erfordert dafür aber Entschlossenheit. Und dann setze diese Entscheidung wie ein verantwortungsbewusster, geistig erwachsener und reifer Mensch um, mit Kontinuität, Entschlossenheit, Geduld und Hoffnung.

Unterstützung

Hole Dir Unterstützung aus Deinem gesellschaftlichen Umfeld – real oder virtuell. Erzähle allen, dass Du künftig meditieren wirst und bitte sie, Dich zu unterstützen; zum Beispiel mit motivierenden Argumenten, wenn es Dir selber einmal schwer fällt. Zudem könnte es Dir schwerer fallen, Dein Vorhaben aufzugeben, wenn Du viele Menschen eingeweiht hast, aufgrund des positiven sozialen Drucks.

Realistische Ziele

Setze Dir realistische Ziele. Zu erwarten, dass es mit der inneren Versenkung, der Ruhe der Gedanken und der Gelassenheit des Geistes nach bereits ein paar Malen Meditation klappt, ist sehr unrealistisch.

In der Meditation sind die Zeitdimensionen etwas größer zu definieren. Bezüglich Meditationsergebnissen, zähle nicht in Stunden oder Tagen, sondern in Monaten und gar Jahren. Setzt Du Dir das Ziel, innerhalb eines Jahres positive Meditationserfahrungen zu erleben, ist die Wahrscheinlichkeit sehr viel größer, Dein Ziel zu erreichen, als wenn Du Dir nur einen oder zwei Monate Zeit gibst.

„Trockentraining"

Teil meines Schwimmtrainings früher, war das so genannte Trockentraining. Das heißt Schwimmtraining ohne Wasser, dafür Muskeltraining an Geräten, Dehnung und Konditionsaufbau. Eine Vorbereitung für den eigentlich Einsatz, sozusagen. Bezüglich Meditation kannst Du das mit den Hinweisen aus dem Kapitel „Übungen für den Alltag" gestalten. So bist Du immer „im Training", auch wenn Du nicht direkt meditierst. Du bleibst immer im Thema drin, so dass die Gefahr, dass Du die Motivation verlierst, geringer ist.

Und wenn Du Dir schon die Mühe mit dem „Trockentraining" machst, wäre es sinnlos, diese Erfolge nicht in der Meditation umzusetzen. Zudem wirst Du schneller positive Ergebnisse erzielen, was eindeutig motiviert, weiterzumachen.

Langfristige Nutzen-Liste

Mache Dir eine Liste, mit einer Pro- und einer Contra-Seite. Auf der Pro-Seite trägst Du ein, was der Nutzen/ die Auswirkung ist, wenn Du fortan beständig meditierst, z.B. mehr Ausgeglichenheit. Auf der Contra-Seite notierst Du, was der Nutzen/ die Auswirkung ist, wenn Du weiterhin nicht meditierst, z.B. eine Stunde mehr Zeit zum Lesen.

Bündele diese Pro- und Contra-Argumente unter zeitlichen Gesichtspunkten: Was ist der Nutzen in zwei Stunden, was in zwei Tagen, in zwei Wochen, zwei Monaten, zwei Jahren, 20 Jahren.

Du kannst die einzelnen Argumente auch bewerten, zum Beispiel mit Punkten von 1 (sehr wenig) bis 10 (sehr viel); Wie viel ist es Dir wert, im Leben ausgeglichener zu sein? Ziemlich viel? Vielleicht 8 Punkte. Und wie viel ist es Dir wert, jetzt eine Stunde mehr Zeit zum Lesen zu haben? Joah, auch nicht unwichtig, 6 Punkte eventuell. Damit hast Du 8 Punkte auf der Pro-Seite und 6 auf der Contra-Seite.

Weil Du Dich für Meditation entschieden hast, ist zu erwarten, dass die Pro-Seite am Ende überwiegt. Hast Du dann mal ein Problem, Dich zu motivieren, hole die Liste heraus und vergegenwärtige Dir, weshalb Du Dich für das Meditieren eingangs entschieden hast. Das kann Dir auch dann – in der Phase des Zweifels – erneut Antrieb geben, weiterzumachen. Falls in Deiner Liste die Contra-Seite überwiegt, überdenke Deine Ent-scheidung zur Meditation. Falls Dir auch einige Tage später keine weite-ren Pro-Argumente einfallen, dann ist Meditation vielleicht nicht das, was Du möchtest. Oder Du probierst es allen papierenen Listen zum Trotz aus und konzentrierst Dich einfach auf das Tun.

Visualisation

Mit Visualisationsmethoden arbeiten viele Profisportler, um ihre Ziele zu erreichen. Sie klingt ganz einfach, ist dafür aber sehr wirkungsvoll:

Stelle Dir vor, wie Du Dich fühlst, wenn die Meditation langfristige Erfolge zeigt. Male es Dir so bildlich, haptisch und emotional wie möglich aus. Wenn Du langfristig erfolgreich meditierst, wie wirst Du Dich in ruhigen Situationen fühlen, wie im Alltag, wie in stressigen Phasen? Deine Pro-Liste kann Dir hierbei behilflich sein.

Belohnungssystem

Wir alle mögen es, gelobt zu werden und Belohnungen zu bekommen. Nutze diesen naturgegebenen Evolutionsbonus und führe ein Belohnungssystem für Dich ein! Du kannst jeden Tag, an dem Du wie geplant meditierst, einen Stern in Deinen Kalender zeichnen und Dich je nach Anzahl der monatlichen Sterne mit etwas belohnen, was Dir Vergnügen bereitet. Einen Monat durchgehalten? Dann gibt es einen Monster-Eisbecher, mit Sahne und Soße. 70% der Sterne erreicht? Dann gibt es drei Eiskugeln mit Streuseln. Definiere Deine eigene Skala, folgen Deinen eigenen Gelüsten. Es wird Dir mit Sicherheit ein kleiner Luxus einfallen, der Deine Motivation fördert.

Erfahrungen

Wenn Du bereits positive Meditationserfahrungen gesammelt hast, dann mache sie sichtbar. Schreibe sie auf, male sie, bastele sie. Versinnbildliche und notiere alles, woran Du Dich erinnerst oder falls Du ein Meditationsbuch führst, lies dort nach. Und – wie bei der Nutzen-Liste – wenn Du Dich mal schwer tust damit, Dich zu motivieren, dann betrachte Deine positiven Erfahrungen. Das ist mit Sicherheit ausreichend, um die notwendigen Beweggründe zu finden, fortzufahren.

Kapitel 4

Körper, Geist, Seele
und Emotionen

Was erwartet Dich beim Meditieren

Meditation & Emotionen

Meditation kann Emotionen hochbringen. Das können positiv bewertete Emotionen sein, wie Freude, Leichtigkeit, Ruhe. Aber auch negativ bewertete Emotionen, wie Trauer, Wut, Einsamkeit. Aber keine Sorge, nach meiner Erfahrung reguliert das Unterbewusstsein dabei irgendwie die Intensität, d.h. es kommen von den belasteten Emotionen immer nur so viele hoch, wie Du es verkraften kannst.

Du fragst Dich vielleicht „Ich dachte Meditation soll mich beruhigen. Wie soll es mich beruhigen, wenn Angst hochkommt?!" Eine gute Frage, ich erkläre es Dir.

Wie Du vielleicht schon gelesen hast, bezeichne ich Meditation als eine langfristige Methode, d.h. es braucht etwas Geduld, um langfristig davon profitieren zu können. Und so braucht es auch etwas Geduld, um ruhiger und ausgeglichener zu werden. Der Weg zu Ruhe und Ausgeglichenheit führt auch über einen besseren Umgang mit den eigenen Gefühlen. Was bedeutet das genau, besserer Umgang?

Wir alle, ob hochsensibel oder nicht, haben Emotionen, die wir nicht haben wollen, die uns unangenehm sind. Die Meditation gibt Dir die Chance, Dich Gefühlen zu öffnen, denen Du Dich sonst verschlossen hast. Im Alltag gelingt es uns häufig sehr gut, diese unangenehmen Emotionen zu verdrängen und unter dem Deckel zu halten, damit wir uns den Anforderungen des Alltags stellen können. Wenn wir uns jedoch mal dem Trubel des Alltags entziehen, uns für uns Zeit nehmen, wie zum Beispiel für eine Meditation, dann fängt diese künstliche Schutzmauer, die die unbeliebten Emotionen zurückhält, an zu bröckeln.

Lasse es mich mit einem kochenden Kochtopf vergleichen: Du hältst Emotionen in Dir verborgen, hältst sozusagen den Deckel darauf. Durch dieses Zudeckeln baut sich im Topf Druck auf, es fängt an zu brodeln und der Deckel gerät in Unruhe. Lüftest Du den Deckel jetzt einmal kurz, lässt ein paar der Emotionen heraus, baut sich der Druck ab und es kann entspannter weitergehen. Es ist also eine gute, gewünschte und gesunde Wirkung von Meditation, dass Emotionen freigesetzt werden.

Denn je öfter und je länger Du Dich traust, unliebsame Emotionen Raum zu geben, desto weniger intensiv werden sie und desto weniger wirst Du unter ihnen leiden.

Mein Tipp für den Umgang, wenn während des Meditierens solche Gefühle hochkommen, die Du lieber nicht fühlen möchtest, ist folgender: Mach' einen Deal mit Dir. Nimm Dir zum Beispiel vor, dass Du solche Gefühle fünf Minuten lang zulässt. Oder eine, oder fünfzehn oder nur einige Sekunden. Und danach setze innerlich den Deckel wieder drauf, verschiebe die Konzentration auf Deinen Körper, Deine Atmung oder positive Gefühle und setze die Meditation wie geplant fort.

Wird es Dir wirklich einmal emotional zu viel, dann beende die Meditation, schreibe auf, was Dir durch den Kopf geht oder lenke Dich ab, gehe raus, vertiefe Dich in Dein Spezialgebiet, in ein Buch oder streichele Deinen Hund.

In jedem Falle vergiss nicht stolz auf Dich zu sein, wenn Du mutig genug warst, zugedeckte Emotionen herauszulassen. Das bedarf des Mutes, Bestimmtheit und Ehrlichkeit sich selbst gegenüber. Ein toller Schritt für ein selbstbestimmtes Leben!

Der Nutzen von Meditation erscheint oft auf subtile Weise, so zum

Beispiel trägt die Arbeit mit Gefühlen ganz allmählich erst Früchte, geschieht langsam und schleichend, so dass es Dir bewusst vielleicht zunächst einmal gar nicht auffällt, was sich alles verändert. Eine ehrliche, offene Betrachtung in zum Beispiel monatlichen Intervallen, ist daher ebenso hilfreich, wie das Führen eines Tage- oder Meditationsbuches.

Meditation & Geist

Ein Bauer arbeitet auf seinem Felde. Am Horizonte sieht er eine Staubwolke aufkommen. Er richtet sich auf, wischt sich den Schweiß von der Stirn und legt sich die Handkante über die Augen, um gegen das Sonnenlicht die Staubwolke beobachten zu können. Die Wolke kommt näher und der Bauer erkennt, dass es sich um einen Reiter auf einem Pferd handelt, das im vollen Galopp über den Pfad neben dem Feld heranprescht. „Wohin so schnell des Weges?", ruft der Bauer dem Reiter entgegen, sobald dieser in Hörweite kommt. „Ich weiß es nicht!", ruft der Reiter zurück, der sich etwas unsicher an sein Pferd klammert, „Frag' das Pferd!"

Diese kleine Geschichte ist zum Schmunzeln, weil eigentlich der Reiter dem Pferd sagen sollte, wo es hingeht und in welchem Tempo. Der Reiter sollte Herr über sein Pferd sein.

Warum ich das erzähle? Weil Du Herr über Deinen Geist sein solltest. Über Deine Gedanken. Darüber, welche Gedanken Dir durch den Kopf gehen, wann und in welcher Intensität. Aber wir alle kennen Situationen, in denen wir alles andere, als der Herr unseres Geistes sind.

Das können ruhige Situationen sein, zum Beispiel wenn wir abends im Bett liegen und die Gedanken anfangen zu kreisen; Eindrücke des Tages, ungelöste Probleme, unausgesprochene Gedanken, verborgene Sehnsüchte, Sorgen oder Pläne für den nächsten Tag. Oder es können stressige Situationen sein, in denen so viele Eindrücke auf uns einstürmen, dass Chaos im Kopf entsteht, aus dem es nur mehr langsam wieder ein Entrinnen gibt.

Ein Ziel von Meditation ist, diese Gedanken – Deine Pferde –, im Kopf zu beruhigen. Ziel ist nicht die Kontrolle der Gedanken, denn Kontrolle hat immer etwas mit Repression zu tun, mit Anstrengung und Unterdrückung. Es geht vielmehr um die Fähigkeit, seine Gedanken besänftigen zu können. Sie zu verlangsamen. Ihnen mal eine Auszeit zu geben. So dass Stille im Kopf vorherrscht.

Es mag etwas albern klingen, aber was mir damals geholfen hat, war dieses: Ich habe mich bei meinem Verstand bedankt: „Danke, dass Du so viel für mich arbeitest und mir beim Denken hilfst." Und ihm dann erlaubt, sich mal freizunehmen: „Aber jetzt brauche ich Dich mal nicht. Du darfst Dich ausruhen. Ich sage Dir dann Bescheid, wenn ich Dich wieder brauche."

Nachdem ich die Geschichte mit dem Reiter und dem Pferd kannte, habe ich mir dazu vorgestellt, dass jeder meiner Gedanken ein Pferd aus dieser Geschichte sei. Und dann habe ich jedes Pferd beruhigt und vom Galopp in den Trab gebracht, vom Trab zum Stillstand, indem ich mir über meine inneren Bilder die Pferde vorgestellt habe und wie sie langsamer wurden. Dazu brauchte ich gar nicht zu wissen, um welche Gedanken es sich genau handelte. Durch diese inneren Kommunikation und diese inneren Bilder, fiel es mir leichter, den Strom von Gedanken in meinem Kopf zu besänftigen.

Gedankliche Freiräume zu schaffen ist wichtig, für Kreativität und Problemlösungen. Die besten Ideen kommen uns, wenn wir uns intensiv mit einem Problem befassen und es dann erst einmal wieder gedanklich loslassen, „darüber schlafen". Das Gehirn hat jetzt Zeit, aus seinem reichhaltigen Fundus Lösungen und Ideen hervorzukramen, über Wege und synaptische Verbindungen, die wir bewusst niemals anvisiert hätten. Demnach verlangt Kreativität für die Lösung von Herausforderungen Raum, Zeit und Ruhe. Meditation kann Dir diese drei Dinge verschaffen. Inneren Raum, Zeit für Dich, Ruhe im Geiste.

Meditation & Körper

Dass Meditation positive Auswirkungen auf den Körper hat, belegen heute wissenschaftliche Untersuchungen. Beim Meditieren verlangsamt sich der Herzschlag, die Atmung wird vertieft, Muskelverspannungen werden reduziert, der Blutdruck sinkt, Stress wird reduziert, emotionale Prozesse werden unterstützt, das Wohlbefinden gesteigert. Natürlich sind diese Ergebnisse abhängig von der Erfahrung des Meditierenden und der Art der Meditation. (Wenn Dich der biologische und neurologische Hintergrund interessiert, empfehle ich Dir das Buch *Meditation für Skeptiker* von Ulrich Ott.)

Auch ruhige Formen der Körperertüchtigung, wie Yoga, Tai Chi oder Chi Gong werden gedanklich und praktisch mit Meditation assoziiert und praktiziert.

Hingegen dass der Körper beim Akt des Meditierens selbst gefordert sein kann, ist ein Aspekt, der gerne vergessen wird – oder auch schlichtweg gar nicht bekannt ist. Es gibt eine Reihe von aktiven Medi-tationen, in denen der Körper bewusst mit eingesetzt wird, um eine Meditationserfahrung zu erlangen. Aber auch in den ruhigen Meditationen, in denen vornehmlich gesessen wird, ist das Bewusstsein über den Körper Teil einer wirksamen Meditationspraxis.

Bei körperlichen Beeinträchtigungen, richte Dich nach Deinen Möglichkeiten. Neigst Du zu Rückenschmerzen, ist eine ruhige Meditation im Sitzen oder eine aktive Meditation mit Hüpfen vielleicht nicht angebracht. Da höre mit gesundem Menschenverstand auf Deinen Körper, welche Meditationsform geeignet ist und Dir gut tut.

Es gibt auch Meditationsrichtungen, die propagieren, dass man „den Körper überwinden" müsse, d.h. so lange in unbequemen Haltungen verharren, bis man den Schmerz nicht mehr wahrnimmt oder sich nicht mehr gegen ihn wehrt. Die Absicht ist, die Konzentration vollständig auf den Geist zu lenken, auf diese Weise geistige Erleuchtung zu erlangen und sich über das Menschlich-Körperliche heraus zu erheben. Davon halte ich nichts. Für Anfänger schon mal gar nicht. Wenn Du einfach nur meditieren willst, um des Meditierens willen, ist es unnötig, sich körperlich zu drangsalieren.

In unserer heutigen Welt, wo in der westlichen Welt nur noch die wenigsten Menschen körperlich arbeiten müssen, ist die Wahrnehmung unseres Körpers ohnehin ein oft vernachlässigtes Thema. Die Arbeit am Computer, den Gang zum Supermarkt, einen Abend vorm Fernseher oder mit einem guten Buch im Bett bietet keine besondere Herausforderung an unsere Körper und es braucht keine gesonderte Wahrnehmung des eigenen Körpers unsererseits. Die bewusste Wahrnehmung des eigenen Körpers geht im Alltag unter; der Körper muss funktionieren oder mit Medikamenten geheilt werden.

Ergo sollte der erste Schritt für ein besseres Leben den Körper mit einschließen. Dass wir uns erst mal bewusst machen, was für einen Körper wir da Tag für Tag durchs Leben führen. Was für ein Geschenk er sein kann, wenn wir ihn bewusst wahrnehmen und uns um ihn kümmern.

Zu diesem Thema hat mir die Breema Körperarbeit® sehr geholfen. Eines ihrer Prinzipien lautet „Körper ist bequem". Das war für mich die Erlaubnis, dass ich es mir bequem machen darf. Nicht nur in Meditationskursen und Selbstheilungsseminaren, in denen ständig am Boden rumgesessen wurde. Sondern auch im Alltag, in der U-Bahn, auf dem Sofa, unter der Dusche, beim Einkäufe-Schleppen, beim Katzen-Streicheln. Immer öfter begann ich mich zu fragen, ob mein Körper nicht noch ein bisschen bequemer sein könnte. Die Antwort war meistens „Ja!" und so richtete ich es mir bequemer ein.

So halte ich es auch in der Meditation und möchte Dich auch motivieren, es Dir beim Meditieren bequem zu machen, selbst wenn in einer Anleitung im Internet zum Beispiel steht, der Rücken müsse beim Sitzen kerzengrade sein und diese und jene Finger müssten sich berühren, damit die Energie fließe. Die Körperhaltung ist egal – unabhängig davon, wie es gelehrt wird. Du darfst stehen, sitzen, liegen, Du darfst während einer Meditation sogar einschlafen! Das ist natürlich im Grunde nicht der Sinn der Sache, aber es schadet auch nicht – und was ist schon gegen ein erholsames Nickerchen zu sagen?!

Natürlich kannst Du es ausprobieren, nach festen Regeln zu sitzen und Dich zu bewegen. Vielleicht gibt gerade das Dir die Freiheit, die Du brauchst, um loszulassen. Vielleicht geben gerade diese Grenzen Dir die Erfahrung, die Du suchst. Vielleicht geben gerade diese Schmerzen Dir das Bewusstsein, was Du brauchst.

Aber dann mache es freiwillig, weil Du es Dir aussuchst. Nicht, weil es in einem Buche steht.

Deinen Meditationserfahrungen werden nicht dadurch beeinträchtig, dass Du eine bequeme Position innehast. Du allein bist für Dich verantwortlich und wenn Du Dich nicht darum kümmerst, dass Du bequem bist in Deinem Körper, dann tut es niemand. Wie ich wiederholt sage, ist Meditation ein Prozess der Eigenverantwortung fordert, also übernimm sie und achte auf Dein körperliches Wohlbefinden.

Körpermeditationen

Es gibt nicht die Körpermeditation. Es gibt allerlei Methoden, Formen, Körperübungen und Techniken, die sich Körpermeditation nennen. In der Regel sind das bestimmte Abläufe von Bewegungen und Posen, deren Ausübung zur Meditation dienen kann. Wie wird eine Abfolge von Bewegungen zur Körpermeditation? Allein dadurch, dass Du es, mit Deiner inneren Einstellung, zu einer Meditation machst. Genauso wie nur Du aus dumpfen Rumsitzen allein durch Deine innere Einstellung eine Meditation machen kannst. Du hast die Macht, Kraft Deiner Gedanken, aus ritualisierten Bewegungen, eine Meditation entstehen zu lassen; Cool, nicht? Wie Yoda!

Bekannte Formen der Körperarbeit, die zur Meditation dienen können sind zum Beispiel Tai Chi, Chi Gong oder der Sonnengruß aus dem Yoga.

Breema Körperarbeit®

Ich möchte hier die nicht ganz so bekannte Breema Körperarbeit® und Selbst-Breema® vorstellen, weil ich sie für außerordentlich geeignet halte. Ich schildere Breema hier so, wie ich es für mich erlebe: Breema ist für mich eine Meditation, die in Körperarbeit verpackt ist, sozusagen ver-kleidet wurde. Das Tolle, weil Befreiende, beim Breema ist, dass alles sein darf und richtig ist, solange Du es mit voller Aufmerksamkeit und ganzer Beteiligung tust. Das heißt, dass es beim Breema unerheblich ist, ob Du ein angebliches Handicap hast, ob Dir ein Arm fehlt, ob Du Allergiker oder HSP bist. Das heißt auch, selbst wenn Du beim Breema zwischendurch mal vergessen solltest, welche Bewegung als nächstes kommt, machst Du einfach mit dem weiter, woran Du Dich erinnerst und es ist korrekt.

Da ich unter meinem stark ausgeprägten Perfektionismus früher selber sehr gelitten habe, weil er mein Leben sehr anstrengend gestaltete, stellte damals dieser freie Ansatz des Breema für mich eine große Befreiung dar. Du musst es nicht perfekt machen, damit es funktioniert. Du darfst es einfach machen; so gut Du kannst.

Ein weiteres Breema-Prinzip ist, dass Dein Körper zu jedem Zeitpunkt bequem sein darf. Das erwähne ich an verschiedenen Stellen in diesem Buch, weil allein dadurch die Lebensqualität gesteigert werden kann. Gerade in unserer heutigen Zeit erachte ich solch einen Gedanken als äußerst wichtig und notwendig.

Breema hat noch weitere Prinzipien, die durch ihre Einfachheit bestechen und nichtsdestotrotz das Leben harmonischer gestalten lassen. Über die Prinzipien hinaus ist Breema dennoch vornehmlich eine Körperarbeit, das heißt, dass hier mit dem Körper gearbeitet wird; aber keine Angst, anstrengend ist es nicht.

Die Art der Berührung, die beim Breema stattfindet, ist eine andere, als wir es im Alltag erleben. Im Alltag, bezwecken Menschen mit einer Berührung immer etwas; sie berühren, um Kontakt aufzunehmen, um Zärtlichkeit auszudrücken, um anzumachen, um jemanden auf Abstand zu halten, was auch immer.

Beim Breema berührt man einfach, weil der andere da ist. Der Körper des anderen bietet eine Gelegenheit, den eigenen Körper wahrzunehmen. Diese Form der bedingungslosen Berührung zu erfahren, durch einen zweiten Menschen oder beim Selbst-Breema durch mich selber, war für mich damals eine Offenbarung, befreiend, heilend, wohltuend unaufdringlich, anwesend doch anonym.

Das klassische Breema findet zwischen zwei Menschen statt; einem, der gibt und einem, der empfängt, wobei die Grenzen hier sehr fließend sind. Falls es Dich neugierig auf diese Art der zwischenmenschlichen Berührung macht, kannst Du ja mal eine Breema-Session buchen, und es ausprobieren.

Da Körperkontakt jedoch vielen Hochsensiblen oftmals zu viel ist und darüber hinaus immer einen bereitwilligen Partner zur Ausübung verlangt, konzentriere ich mich hier auf Selbst-Breema.

Das Selbst-Breema, wie der Name schon suggeriert, findet mit einem selbst statt. Für das Selbst-Breema gibt es viele kleine Sequenzen. Eine Sequenz ist eine Abfolge von Berührungen und Bewegungen. Dadurch, dass diese Abfolge festgeschrieben ist, kannst Du ganz entspannen und brauchst Dir keine Gedanken darüber zu machen, was Du als nächstes tun könntest. Du kannst gedanklich loslassen, brauchst nicht nachzudenken. Wähle Dir eine Sequenz aus, die Dir gefällt. Führe diese Sequenz aus, mit bedingungsloser Berührung, mit voller Aufmerksamkeit.

Für eine Auswahl an Selbst-Breema Sequenzen, empfehle ich das entsprechende Buch oder Seminare. Alle Informationen über Breema findest Du auf der Homepage www.breema.com.

Mein persönlicher Vorschlag: Führe eine Sequenz wieder und wieder aus, so lange, bis Deine Meditationszeit erfüllt ist. In dieser repetierten Ausübung liegt Sicherheit, Ruhe, Präsenz.

Als Vorstufe dazu, zum Üben, Erfahren und Kennenlernen, könnte das so aussehen, dass Du mit Deiner Hand einfach mal Dein Bein berührst. Nicht, um etwas zu erreichen, zu wollen, zu müssen, sondern einfach weil Deine Hand da ist und Dein Bein da ist und Du mit der Hand spüren willst, wie sich Dein Bein in diesem Augenblick anfühlt und mit dem Bein spüren willst, wie sich Deine Hand in diesem Augenblick anfühlt. Nimm Deinen Verstand mit dazu, lass ihn Dir beschreiben, was Du tust.

Wozu soll das gut sein? Du fokussierst Deine Gedanken, Du kommst mit der Aufmerksamkeit in Deinen Körper, Du kommst, ins Hier & Jetzt; kurz: Du bist präsent. Eine hervorragende Basis für eine Meditation.

Meditation & Seele

Niemand kann genau sagen, was die Seele eigentlich ist. Daher hatte ich immer Probleme mit dem Begriff, er ist mir zu abstrakt, zu diffus. Aber auch ich möchte sagen: Ja, Meditation tut der Seele gut – Was immer das genau sein mag.

Für mich bedeutet es, dass Meditation mir gut tut. Es macht mich ruhig und ausgeglichen. Ich fühle mich durch Meditation genährt, gestärkt, innerlich gewappnet für die Mühen und Belastungen des Alltags.

Die Seele kommt auch im Begriff der seelischen/ psychischen Gesundheit vor. Dieser Aspekt der Gesundheit ist bei modernen Stresserkrankungen wie Depressionen oder Burn-Out in Mitleidenschaft gezogen und aus dem Gleichgewicht gebracht. Unsere Gesellschaft, die auf Funktionieren und Leistung aufgebaut ist, vernachlässigt diese Gesichtspunkte im Alltag, so dass Maßnahmen erst angeboten oder ergriffen werden, wenn es schon zu spät ist; die Depression begonnen hat, der Burn-Out schon zu spüren ist. Heute in unserer schnelllebigen Zeit, in der Depressionen, Erschöpfung und Burn-Out in aller Munde ist, bekommt Meditation einen neuen Stellenwert, als sanfte, kostengünstige und langfristige Maßnahme, um diesen Begleiterscheinungen der Arbeitswelt entgegen zu wirken. Auf Hochsensiblen lastet oftmals ein noch stärkerer Druck, dadurch dass die Sinne noch mehr wahrnehmen.

Wir können uns auch dem Wort Seele über den Begriff „die Seele baumeln lassen" annähern. Die Seele baumeln zu lassen bedeutet zu entspannen, auszuspannen, mal bewusst nichts tun, zumindest nichts, was eine Anstrengung erfordert. Dafür ist Meditation gut. Die Anstrengungen des Alltags beiseite zu lassen. Mal keinen Regeln gehorchen zu müssen, keine Kommunikation betreiben zu müssen, niemanden lesen zu müssen, niemanden etwas vermitteln zu müssen.

Ich sage nicht, dass Meditation ein Allheilmittel ist und für den Rest des Lebens Glück beschert. Für Heilung, Glück und Zufriedenheit kommen immer mehrere Faktoren zusammen. Meditation kann eine Maßnahme von vielen sein, die für persönliche, seelische Gesundheit sorgen, für ein Leben mit Zufriedenheit und Glücksgefühlen.

Kapitel 5

Integration von Meditation
in den Alltag

Übungen für den Alltag

Es gibt viele Möglichkeiten, im Alltag Deine Meditationspraxis zu unterstützen. Oder Dich in stressigen Situationen an Deine Meditationserfahrungen zu erinnern, um entspannen zu können.

Hier habe ich praktikable Methoden für Dich zusammengestellt.

Konzentration üben

Wenn Du schon mal üben möchtest, Deinen Geist, die Gedanken zu fokussieren – auf etwas anderes als auf Dein Lieblingsthema –, dann schlage ich folgende Vorbereitung auf die Meditation vor: Suche Dir ein Objekt Deiner Wahl. Das kann eine Vase sein, ein Schuh, Computer, Würfel, eine Orange, Deine Katze oder was auch immer.

Dann setze Dich vor Dein Objekt und betrachte es konzentriert, eine halbe Stunde lang. Nimm alle Details auf, jede Ecke, jede Kurve, die Beschaffenheit der Oberfläche, das Licht auf der Oberfläche, die Schatten, die entstehen, die Facetten der Farben, einfach alles, was Dir auffällt.

Wiederhole es am nächsten Tag. Entweder mit demselben Objekt, aus der gleichen Perspektive (das wird schwierig, bei der Katze, zugegeben) und betrachte es ganz von Neuem. Das fördert Kontinuität und bietet Überraschungen, was es dort heute alles zu entdecken gibt. Sieht es heute anders aus? Wirken die Farben anders? Was macht das Licht?

Oder ändere den Blickwinkel, drehe es ein wenig und betrachte alles von Neuem.

Wenn Dir das zunächst als zu langweilig erscheint, wähle ein neues Objekt und konzentriere Dich darauf, bis Du die Ausdauer hast, eines Tages, bei ein und demselben Objekt zu verweilen.

Entspannungsmethoden

Erlerne eine Entspannungsmethode. Methoden wie Autogenes Training oder Progressive Muskelentspannung sind schnell zu erlernen. Dafür brauchst Du auch keinen Kurs zu besuchen, sondern es gibt sehr gute CDs mit Anleitungen. Durch diese weitere Möglichkeit Entspannung zu erreichen, erleichterst Du Dir den Einstieg in die Meditation.

Phantasiereisen

Eine weitere schöne Möglichkeit für einen einfachen Einstieg in Meditation sind Phantasiereisen. Das sind kleine Geschichten, die alle darauf abzielen, Geist und Körper zu entspannen. Wenn es Dir gefällt innere Bilder zu kreieren, gibt es zu Phantasiereisen zahlreiche Bücher und CDs als Inspiration.

Kleine Pausen

Der Alltag bietet viele Möglichkeiten für kleine Atempausen, wenn wir sie nur zu nutzen wissen. So bietet sich Dir zum Beispiel jedes Mal, wenn das Telefon klingelt, die Möglichkeit einmal tief durchzuatmen, bis in den Bauch, bevor Du das Gespräch annimmst. Oder jedes Mal, bevor Du eine E-Mail öffnest. Oder wenn Du in der Kassenschlange im Supermarkt wartest. Oder auf den Bus. Oder an der Ampel. Siehst Du? Viele Möglichkeiten, Entspannung in den Alltag einzubinden.

Impressionen

Warum nach Instruktionen vorgehen? Eine Impression von Meditation lässt sich auch in vielen anderen Situationen erlangen, wie zum Beispiel: Züge beobachten, von der Autobahnbrücke gucken, den Flug der Vögel verfolgen oder den Zug der Wolken, das sanfte Wiegen von

Korn, Bäumen oder Wellen betrachten, Zahlenreihen angucken, Dein Lieblingsgemälde ansehen oder einen Bildschirmschoner (vielleicht mit eigens zusammengestellten Bildern), beim Legen eines Puzzles; Ich persönlich beobachte gerne die Zahlen meines automatischen Authenticators, meine schlafende Haustiere oder versinke in einem Zahlenrätsel.

Genießer-Kiste

Suche Dir Dinge zusammen, die Dir gefallen, die Dir angenehm sind, die Dich zum Lächeln bringen, die Dir Freude machen und stecke sie alle in eine Kiste, eventuell auch nur ein Foto oder Erinnerungszettel davon. Dann kannst Du Dir jederzeit ein gutes Gefühl „aus der Kiste ziehen".

Glücksheft

Nimm Dir ein Heftchen und schreibe jeden Abend drei Dinge auf, die Dir an dem Tag gefallen haben, die Dir Freude gemacht haben, die Dich zum Lachen gebracht haben. Sei es etwas Außergewöhnliches, wie ein unerwartetes Geschenk, aber auch etwas ganz Unscheinbares, wie der Geschmack von Cornflakes oder etwas zwar alltäglich, nichtsdestotrotz Schönes, wie der Sonnenschein am Morgen.

Du hast nichts zu lachen? Ich habe selber sehr viele, sehr schwere Jahre hinter mir, in denen ich depressiv war und selbst in dieser Zeit fand ich – so ich wollte – drei solcher Dinge. Ich bin mir sicher, dass es Dir auch gelingen wird!

Meditationsbuch

Wenn Du begonnen hast, ein Meditationsbuch zu führen (s. Kapitel 8 „Hilfsmittel für Meditationen"), kannst Du dieses mitnehmen, um darin zu lesen und Dich an das Gefühl aus der Meditation zu erinnern. Das kann in Phasen psychischer Belastung Erleichterung verschaffen.

Wohliges Fernsehen

Oder wie wäre es mit Fernsehen? Nein, kein belangloses Zappen, sondern wähle DVDs, die Dich entspannen lassen, wie z.B. die BBC Dokumentarfilmreihe „Planet Erde" (mein Tipp: den Ton ausschalten), „Die Erde von oben", eine Ballett-Verfilmung wie "Caravaggio" vom Staatsballett Berlin, die schönsten Zugreisen oder eine DVD mit Kaminfeuer oder Aquariumsszenen.

Wohliger Sport

Beziehe Deinen Körper in Dein Meditationsansinnen mit ein. Leibesübungen, wie Yoga, Tai Chi, Chi Gong, Feldenkrais oder auch Schwimmen, Golf, Rudern oder Ähnliches sind wunderbare Begleiter für die Meditationspraxis. Diese ruhigen Methoden der Ertüchtigung haben den Vorsatz, Körper, Geist und Seele zu verbinden und nutzen den Körper, um nach innen zu schauen.

Das Meditationsritual

Beim regelmäßigen Meditieren, so wie ich es nahelege, wird die Meditation mit der Zeit automatisch zu einem Ritual. Rituale geben Orientierung, Sicherheit und wirken beruhigend in einer verwirrenden, reizüberfluteten Umwelt. Heutzutage ist wissenschaftlich erwiesen, wie hilfreich Rituale im Alltag sind. Mit Ritualen lässt sich aktiv arbeiten, für ein besseres Leben. Dadurch, dass man sich bewusst förderliche Rituale angewöhnt, prägt man sich und sein Leben auf eine neue Weise. Nicht umsonst arbeiten Profisportler mit Ritualen, um Top-Leistung in Situationen hohen psychischen Drucks abliefern zu können. Wie Du siehst, selbst wenn Du Rituale bisher nur wegen der inneliegenden Sicherheit praktiziert hast, gibt es noch weitere positive Gründe dafür.

Wenn Du aus Deiner Meditationspraxis ein Ritual machen möchtest, profitierst Du also nicht nur davon, weil es Dir Sicherheit vermittelt, sondern zusätzlich deswegen, weil Dein Unterbewusstsein sich schon zu Beginn des Rituals auf das Gefühl von Meditation einstellt und es Dir so mit der Zeit immer leichter fallen wird, entspannen zu können. Wenn Du ein Gespür dafür entwickelt hast, wie Meditation sich für Dich anfühlt, werden schon einzelne Bestandteile des Rituals diese inneren Erfahrungen anstoßen können, auferwecken können, so dass Du leichter und leichter davon wirst profitieren können.

Das Meditationsritual kann aus vielen, Einzelheiten bestehen. Es beginnt bei Ort und Zeit, die Du für die Meditation gewählt hast. Dann geht es weiter über die Kleidung, die Du wählst. Eine bestimmte Musik – nur zur Einstimmung oder zur Meditation selber – oder das Entzünden einer Kerze kann den Auftakt für die Meditation beschreiben. Eine meiner Klientinnen las zu Beginn ihrer täglichen Meditation immer eine bestimmte Fabel, die sie seit Kindertagen beruhigt, um sich so zu signalisieren, dass jetzt ihre Meditation beginnt, ihre Zeit für sich selbst. Eine andere Klientin begann jede Meditation mit einem Vanilleplätzchen, weil der Geschmack sie beruhigte, ihr Geborgenheit und „weiße Ruhe" vermittelte.

So wie ein Element des Rituals den Beginn der Meditationspraxis signalisieren kann, so kann es auch Elemente für das Ende geben. Zum Beispiel den Gongschlag eines Meditationsweckers, das systematische Strecken aller Körpergliedmaßen oder einen Schluck Lieblingsfruchtsaft.

Rituale sind nährend. Meditation ist nährend. Nähre Dich und Deine Seele, durch geplante, rituelle Handlungen, die Dich mit Dir in Kontakt bringen.

Kapitel 6

Meditationsformen

Es gibt zahlreiche, unterschiedliche Formen und Methoden der Meditation. Eine grobe Unterteilung lässt sich in aktive und ruhige Meditationen machen.

Bei aktiven Meditationen, bewegt sich der Meditierende während der Meditation. Häufig sind diese Meditationen in unterschiedliche Phasen eingeteilt, in denen sich die Form der Bewegung jeweils ändert. Bei den ruhigen Meditationen ist der Körper ruhig, ganz ohne oder nur mit sehr wenig Bewegung. Eine Untergruppe der ruhigen Meditationen bilden die stillen Meditationen, in denen auch nicht gesprochen, gesungen oder gesummt wird. Diese Unterteilung beschreibt jedoch nur den Körper. Der Geist sollte bei einer Meditation in jedem Falle aktiv und gleichzeitig ruhig sein.

Wählen einer Meditationsform

Ich empfehle, dass Du Dir zu Beginn die Meditationsform heraussuchst, die Dir am meisten zusagt. In diesem Kapitel findest Du Informationen, die Dir diese Wahl erleichtern.

Eines möchte ich vorweg noch anmerken: Ich empfehle Anfängern häufig, nicht gerade mit einer ruhigen und stillen Meditation zu beginnen, weil diese Form eine große Herausforderung darstellt und daher oft mit Enttäuschungen verbunden ist, wenn keine schnellen Erfolge erzielt werden. Vielmehr bieten sich aktive Meditationen an, weil der Geist leichter auf die Handlung konzentriert werden kann.

Meditationsformen & HSP-Eigenschaften

Bevor ich einige Meditationsformen detailliert vorstelle, möchte ich hier typische Eigenschaften von Hochsensibilität mit Meditationsformen verbinden. Anleitungen zu den hier genannten Meditationsformen findest Du im Kapitel „Einweisung in verschiedene Meditationsformen".

Diese Übersicht an Kombinationen kann es Dir erleichtern, Dich für eine Form zu entscheiden.

Probleme abzuschalten

Wenn es Dir schwer fällt, Dich zu entspannen, rate ich zu einer aktiven Meditation. Da bietet die Bewegung auch dem Geist „Beschäftigung", er kann in die Aktion mit einbezogen werden und es fällt leichter, in die Meditation einzusteigen. Oder nähere Dich intellektuell über Koans.

Unter Strom

Hast Du das Gefühl oft unter Strom zu stehen, von den Reizen überladen zu sein, dann nutze Meditation als Blitzableiter. Entweder aktiv mit der Dynamischen Meditation oder Whirling. Oder ganz introvertiert im Stillen Sitzen nach Zazen.

Abgrenzung

Du möchtest Deine Abgrenzung gegenüber anderen stärken, damit Dich Situationen unter Menschen weniger belasten? Dann empfehle ich Whirling oder die Nadabrahma-Meditation. Für Fortgeschrittene kann auch die Achtsamkeitsmeditation oder das Stille Sitzen in diesem Falle zum Ziel führen.

Akustisches Empfinden

Verfügst Du über eine sensible akustische Wahrnehmung? Dann wäre die Nadabrahma Meditation mit ihrem musikalischen Anteil passend, oder die Meditation mit einem Mantra. Auch eine Einstimmung mithilfe einer Stimmgabel in eine ruhige Meditation ist geeignet.

Lichtempfindlichkeit

Leidest Du unter Deiner hohen Lichtempfindlichkeit, rate ich zu einer Meditation im Sitzen, so dass Du die Augen schließen kannst.

Geruchsempfindlich

Sind Dir olfaktorische Eindrücke wichtig, gefällt Dir vielleicht eine Meditation an der frischen Luft, wie zum Beispiel die Geh-Meditation.

Feine Fühler

Deine feinen Fühler kannst Du besonders gut im Zazen oder der Achtsamkeitsmeditation ausstrecken. Die Nadabrahme Meditation erlaubt das Fühlen sanft auf die physische Ebene zu bringen.

Liebe zum Detail

Die Liebe zum Detail kommt besonders bei der Achtsamkeitsmeditation zur Geltung. Hier gilt es sein Inneres während der Meditation genau zu betrachten, Körpersignale und Gedanken wahrzunehmen, jedoch ohne zu bewerten oder festzuhalten.

Bildliche Vorstellungskraft

In Meditationen wird häufig mit inneren Bildern gearbeitet, die wir, wenn wir Dinge wörtlich nehmen, sehr gut umsetzen können, z.B. sich vorzustellen, man sei ein leeres Gefäß. Hier empfehle ich die Achtsamkeitsmeditation.

Künstlerisch

Hochsensible können sehr kreativ sein! Drückst Du Dich gerne künstlerisch aus, lege ich eine Meditation mit Mandalas nahe.

Durch Kunst sind wir in der Lage Gefühle auszudrücken, die mit Worten schwer zu erklären sind. Kunst erlaubt uns eine Brücke zu bauen, nicht nur zu den Betrachtern unserer Kunst, aber vor allem zu uns selber. Bevor wir ein Kunstwerk erschaffen können, findet eine Suche nach Innen statt, bewusst oder unbewusst, die uns damit verbindet, was wir ausdrücken möchten. Das eröffnet einen inneren Dialog.

Und darum geht es bei Meditation, um einen inneren Dialog, ohne Worte, aber intensiv.

Haptik

Du fasst gerne Sachen an? Für eine Erfahrung in Haptik ist die Meditationsvariante des Mandala kreierens mit Sand eine tolle Erfahrung.

Festlegen oder ändern?

Ich rate Dir, vorerst nur jene Form zu praktizieren, die Du für Dich ausgewählt hast. Dadurch gibst Du Deinem Geist und Körper die Chance, sich damit vertraut zu machen. Durch diese wachsende Sicherheit können hieran tiefe Meditationserlebnisse entstehen.

Es kann passieren, dass Du nach einiger Zeit bemerkst, dass Dir Deine aktuelle Methode doch nicht so zusagt. Selbstverständlich kannst Du die Methode auch wieder ändern, wenn Du feststellst, dass sie Dir doch nicht so liegt. Aber ich möchte Dir raten, wenn Du Dich mal für eine Form entschieden hast, gib ihr eine Chance. Es kann nicht sofort klappen. Als grobe Richtlinie empfehle ich mindestens drei Monate bei einer Methode zu bleiben, bei täglicher Meditation.

Oder Du hast eine Form schon eine ganze Weile praktizierst, kommst auch gut mit ihr zurecht, wünscht Dir jedoch etwas Neues, brauchst Abwechslung, bist neugierig. Dann auf zur nächsten Meditationsform! Du kannst ja immer wieder zurück wechseln, sollte es nicht klappen.

Einweisung in verschiedene Meditationsformen

Auf den folgenden Seiten möchte ich jetzt unterschiedliche Meditationsformen vorstellen, damit Du Dir einen Eindruck über die Bandbreite an Meditationen machen kannst, um diejenige zu wählen, die Deinem Geschmack am ehesten entspricht.

Dynamische Meditation

Charakteristiken: aktiv, körper- und emotionsbetont

Tradition: Meine Erklärung basiert auf einer Meditation, die von Osho kreiert worden ist. Er war ein Guru und spiritueller Lehrer, der im Laufe seines Lebens unter verschiedenen Namen bekannt war. Diese Meditationen ist eine seiner bekanntesten. Er starb 1990 in Poona, Indien.

Für die dynamische Meditation empfiehlt es sich, einen Ort zu wählen, an dem Du ungestört etwas laut sein darfst.

Die Dynamische Meditation ist in vier Phasen à jeweils 15 Minuten eingeteilt. Sie ist eine körperlich herausfordernde Meditation, denn sie beginnt mit einer Viertelstunden hüpfen. Stelle Dich dazu schulterbreit hin, die Knie sind etwas gebeugt, die Arme zeigen nach oben. Hüpfe hoch. Die Hüpfbewegung erfolgt mit einem Nachwippen in den Knien und bei jeder Landung stößt man den Atem mit einem "Hu!" aus. Die Arme bewegen sich beim Ausatmen angewinkelt zu den Seiten, so ähnlich wie beim Ententanz. Du brauchst nicht hoch zu hüpfen, es reicht auch, wenn Du nur die Fersen vom Boden löst.

Spüre die Bewegung, spüre Deinen Atem, spüre Dein Gewicht, das vom Boden getragen wird.

Nach einer Viertelstunde endet die erste Phase abrupt, indem Du in jener Position der Hüpfphase, in der Du gerade bist, einfrierst. Du hältst die Position, so gut es geht. Meine Arme wurden immer schwer, so dass ich sie mit der Zeit habe sinken lassen, folge da Deinen Bedürfnissen. Spüre in dieser Phase die Starre, nach der Bewegung der ersten Phase. Spüre die Ruhe, nach der Aktivität. Spüre Deinen Atem, Deinen Herzschlag.

Richte Deine Aufmerksamkeit nach innen, was dort passiert, im Körper und in den Gefühlen.

Anschließend erfolgt eine emotionale Phase. Jetzt darfst Du alle Gefühle rauslassen, die kommen; lachen, weinen, schreien (ein Kissen dämpft die Lautstärke nach außen ungemein). Lasse Deinen Körper den Emotionen folgen. Du kannst Dich setzen oder hinlegen, am Boden wälzen oder in eine Ecke verkrümeln. Du darfst alle Geräusche machen, die damit einhergehen. Lass Dich einfach gehen!

Die letzte Phase ist die Ruhephase. In der kannst Du Dich bequem auf den Boden legen und ausruhen. Die Emotionen dürfen sich beruhigen, ebenso die Atmung und der Geist. Spüre Dein Gewicht auf dem Boden, Deine Atmung, die Vorgänge in Deinem Kopf. Hier kann sich eine Ruhe innerlich breitmachen, eine Ruhe, die den ganzen Kopf – und von dort aus den Körper – ausfüllt und Dich entspannen lässt.

Zu dieser Meditation findest Du auch viele Informationen im Internet oder in Büchern. Es gibt eine spezielle CD von Deuter dazu, die die vier Phasen musikalisch untermalt. So braucht man nicht auf die Uhr zu gucken, um den Wechsel der Phasen mitzubekommen.

Als ich diese Meditation das erste Mal machte, das war in einer Gruppe, hatte ich mir danach geschworen: "Nie wieder!" Es war anstrengend, sowohl körperlich, aber vor allem auch emotional. Aber es hatte dennoch etwas in mir bewegt, denn nach einiger Zeit reizte es mich erneut und versuchte ich es doch noch einmal. Diesmal nicht in der Gruppe, sondern für mich alleine, zu Hause. Ja, sie war noch anstrengend, aber sie gab mir auch etwas. Es fühlte sich reinigend an, zuerst die körperliche Forderung, dann die angestauten, zurückgehaltenen Emotionen frei zu lassen. Ich habe sie für einen Zeitraum mehrerer Wochen täglich gemacht und bin gestärkt und befreit aus dieser Zeit herausgegangen.

Wenn Du Dich hierfür entscheidest, empfiehlt es sich, Dein direktes Umfeld davon zu informieren, da es zu starker, emotionaler Geräuschentwicklung kommen kann, was den unbedarften Zuhörer verwirren könnte. Versichere allen, dass alles, was in dieser Stunde zu hören ist, ein Teil der Meditation ist.

Whirling

Charakteristiken: aktiv, körperlich herausfordernd, zentrierend

Tradition: Ich habe diese Meditation als eine von Oshos
Meditationsformen kennengelernt. Doch das Whirling hat auch
eine lange Tradition in den religiösen Praktiken der Sufis.

Vorweg möchte ich betonen, dass diese Meditation nicht für Dich geeignet ist, wenn Du Schwierigkeiten mit der körperlichen Koordination hast.

Für das Whirling solltest Du einige Vorsichtsmaßnahmen treffen: Zum einen brauchst Du etwas Platz um Dich herum. Räume Stühle, Tische und spitze Gegenstände aus dem Weg. Falls Du eine rutschfeste Gymnastikmatte hast, lege sie auf den Boden, in die Mitte des freigeräumten Platzes. Es kann auch sein, dass Dir bei der Meditation übel wird, also stelle einen Eimer o.Ä. bereit. (Ich habe den Eimer noch nie gebraucht, genauso wenig jemand, den ich kenne, aber sicher ist sicher.) Zur Kleidung sei gesagt, dass ich es bei dieser Meditation immer vorziehe, es barfuß zu praktizieren. Von rutschigen Socken würde ich abraten, weil Du stürzen könntest.

Nun stelle Dich ganz entspannt in die Mitte des freigeräumten Platzes, die Arme hängen lockern an den Seiten. Dann beginne langsam, Dich um Deine eigene Achse zu drehen und steigere das Tempo allmählich so stark, wie es sich für Dich passend anfühlt. Ob Du Dich links herum oder rechts herum drehst, ist dabei unerheblich, probiere aus, welche Richtung Dir besser liegt.

Deine Augen solltest Du nicht fokussieren, sondern einfach starr geradeaus halten und den Blick über alles im Drehen schweifen lassen, so dass die Umgebung verschwimmt. Das Tempo kannst Du zum einen mit den Füßen bestimmen, zum anderen dadurch steuern, wie hoch Du Deine Arme hebst. Probiere damit beim ersten Mal etwas herum, Du wirst schnell merken, wie die Auswirkungen sind.

Es ist normal, dass Du dabei schwindelig wirst und Du etwas im Raum herumeierst. Deshalb hast Du Dir vorher Platz geschaffen. Die Matte unter Deinen Füßen hilft Dir auch unter diesen Umständen ungefähr am Platz zu bleiben, Du spürst mit Deinen Füßen, wenn Du die „sichere Zone" verlässt. Eiere dann einfach zurück ins Zentrum. Versuche dabei bloß nicht stehenzubleiben, um zu gucken, wo Du bist oder wo Du hinmusst, das klappt nicht. Bewege Dich in der Drehbewegung wieder auf den Ausgangspunkt zurück.

Als Hilfe, um nicht ins Straucheln zu geraten, stelle Dir vor, Du seist eine Schraube und schraubst Dich immer tiefer in den Boden. Wenn Dir übel wird – ein bisschen übel wird mir immer – dann erinnere Dich daran, den Blick nicht zu fokussieren und drossele gegebenenfalls das Tempo.

Das klingt jetzt alles ziemlich schwierig, unangenehm und anstrengend, aber das ist es gar nicht. Wenn Du Dich konzentriert drehst, den Blick schweifen lässt, kann eine Änderung in der Wahrnehmung eintreten, so dass es Dir scheint, als stündest Du still, obwohl Du Dich drehst. Das ist ziemlich geil! Die Umwelt kann sich drehen und bewegen, wie sie will, Du bist still und zentriert in Dir. Eine wunderbare Vorlage für den Alltag, findest Du nicht?!

Laut Instruktion beträgt die Phase, in der man sich dreht, 45 Minuten. Das muss aber nicht sein. Als ich die Meditation die ersten Male machte, konnte ich mich nur 15 oder 20 Minuten drehen, bis ich genug hatte. Also, wann auch immer Du spürst „jetzt reicht's" oder wenn die 45 Minuten verstrichen sind, triff die Entscheidung, Dich behutsam fallen zu lassen. Lasse Dich einfach auf den Boden fallen, natürlich unter Beachtung Deines Wohlergehens. Weil Dir jetzt richtig schwindelig sein wird, nimm am besten folgende Körperhaltung ein: Knie Dich hin, beuge Dich vorn über, lege die Arme nach vorne und die Stirn auf den Boden. Atme ruhig ein- und aus.

Diese Ruhephase sollte mindestens 15 Minuten betragen. Wenn der Schwindel abgeklungen ist, lasse ich mich immer auf die Seite fallen und lege mich bequem hin.

Spüre in Dich rein, in die innere und äußere Bewegung, des Körpers, der Gedanken, in die innere und äußere Stille, des Körpers, der Gedanken.

Für diese Meditation gibt es auch eine eigens komponierte Musik von Deuter, von der Du Dich begleiten lassen kannst.

Zwischendurch Notizen zu machen, ist hier natürlich nicht drin. Das wirst Du hier auf die Zeit der Ruhephase verschieben müssen.

Geh-Meditation

Charakteristiken: gediegen aktiv,
dennoch gut gegen ständiges Denken

Tradition: Die Geh-Meditation wurde im Westen vor allem durch den buddhistischen Mönch Thich Nhat Hanh bekannt, der sie in einer weniger strengen Art unterrichtet, als der traditionelle Zen Buddhismus, in dem zum Beispiel auch die Haltung der Hände vorgeschrieben ist.

Es ist eine sehr puristische, einfach zu praktizierende Form der Meditation. Sie lässt sich sowohl drinnen als auch draußen ausüben. Draußen hast Du etwas mehr Platz, drinnen ist es häufig einfacher die Konzentration zu bewahren – gerade wenn Du erst mit dem Meditieren beginnst. Suche Dir einfach die Umgebung aus, in der Du Dich am wohlsten fühlst.

Ob Du in Schuhen, Socken oder barfuß läufst liegt bei Dir. Es kann sich herrlich anfühlen, im Sommer barfuß über eine Wiese zu meditieren.

Wenn Du die Geh-Meditation innen ausübst, kannst Du hin und her- oder kleine Kreise laufen. Draußen hast Du mehr Platz, suche Dir daher eine schöne Strecke. Das muss nicht mal in der Natur sein, selbst auf den Straßen von Manhattan habe ich schon gehend meditiert.

Nun, zur Meditation gibt es im Grunde nicht viel zu erklären. Wie der Name schon sagt, geht es ums Gehen. Also: Gehe. Gehe langsam. Gehe aufmerksam. Gehe bewusst. Gehe konzentriert. Fühle Deine Füße, wie sie den Boden berühren ... und wieder davon lösen. Spüre die Veränderung in der Gewichtsverlagerung. Spüre Dein Becken, wie es sich mit jedem Schritt mitbewegt. Spüre Deinen Oberkörper, wie er sich den Gehbewegungen anpasst. Spüre Deine Atmung, die Du dem Schrittrhythmus anpassen kannst.

Der Blick ist locker auf den Boden ein bis zwei Meter vor Dir gerichtet, Nacken und Arme sind entspannt.

Es geht nicht darum, mit dem Gehen irgendwo anzukommen. Es ist keine Reise von Punkt A nach Punkt B. Das Gehen ist ein Vehikel, um mit Dir in Kontakt zu kommen. Mit jedem bewussten Schritt, den Du tust, gehst Du einen Schritt weiter in Dich. Mit jeder Bewegung, die Du bewusst wahr-nimmst, nimmst Du Dich bewusster wahr.

Deinen Verstand kannst Du sehr gut auf die Bewegung, die Veränderung, das Gewicht und Deinen Atem richten. Dadurch hast Du Deinen Geist auf-merksam in Deine Aktivität mit eingebunden. Eine gute Voraussetzung für Meditationserfahrungen. Gehe los!

Stilles Sitzen

Charakteristiken: ruhig, puristisch, geistig fordernd

Tradition: In der Zen Tradition heißt diese Meditation Zazen, doch werden Formen davon zum Beispiel auch als Kontemplation im Christentum praktiziert. Beim Zazen gibt es viele Regeln, u.a. zum Aufklopfen des Kissens, der Körperhaltung, das Gehen.

Ich beschreibe hier eine Interpretation ohne strikte Regeln. Ich fand es ganz lustig, das Regelwerk des Zazen einmal kennenzulernen, jedoch fördert es die Qualität der Meditation nicht. Es lässt sich auch ohne Regeln wunderbar im Sitzen meditieren. Wenn Du allerdings Liebe zum Detail hast, feste Abläufe und Rituale liebst, dann könnte das Zazen Dir beruhigende Regeln liefern.

Kommen wir zum Sitzen. Als Vorbereitung besorge Dir eine passende Sitzgelegenheit und suche Dir einen passenden Ort (Hinweise dazu findest Du in Kapitel 7 „Wann, wo, wie und was soll ich anziehen?"). Mein Lieblingsort ist vor einer weißen Wand. Die bietet den Vorteil, dass nur sehr reduzierte visuelle Reize auf mich einwirken, denn ich halte die Augen beim Meditieren leicht geöffnet. Die Augen kannst Du natürlich auch schließen, was anfangs wahrscheinlich einfacher ist.

Nun sitzt Du einfach, bis die Zeit um ist; das ist das ganze Geheimnis. Du entscheidest, mit Deiner Entscheidung, Entschlossenheit, Achtsamkeit und Aufmerksamkeit, aus diesem Sitzen eine Meditation entstehen zu lassen.

Ich könnte noch mehr schreiben, über den inneren Kontakt, die Wahrnehmung des Körpers, des Geistes, der Wand, doch all das wären meine Worte, für etwas, was Du für Dich selber zu entdecken vermagst. Ich möchte Deine Meditation nicht durch meine Worte lenken und einschränken.

Also nimm Platz und meditiere.

Ließ dazu auch Kapitel 9 „Wenn es im Kopf zu laut ist". Papier und Meditationsbuch sind hier gut zu nutzen (s. Kapitel 8 „Hilfsmittel für Meditationen").

Nadabrahma Meditation

Charakteristiken: sitzend aktiv, summend, emotional wärmend

Tradition: Ich habe diese Meditation als eine von Oshos Meditationsformen kennengelernt. Der Ursprung liegt in einer tibetischen Technik, die sich auf das Summen konzentriert.

Die Nadabrahma Meditation beginnt mit einer halbstündigen Phase, in der Du einfach entspannt sitzt und summst. Oder anders gesagt, Du lässt Deinen Körper summen, lässt einfach jene Töne in Deinem Munde entstehen und entströmen, die heraus wollen oder raus müssen. Die Laute, die sich richtig anfühlen. Das ist eine befreite, lösende, nicht artikulierte Kommunikation mit Dir selbst und Deiner Umwelt. Hier kannst Du Dich Dir annähern, Deinem Inneren, das seinen Ausdruck im Summen findet, behutsam begegnen. Die durch das Summen entstehenden Vibrationen lockern zudem Deinen Körper; Atmung, Zwerchfell und die inneren Organe werden aufgelockert und sachte massiert.

Im Anschluss folgen zwei 7-minütige Phasen sanfter Armbewegungen. Die Grundhaltung ist gleichbleibend, Du sitzt entspannt.

In der ersten Phase bewegst Du die Arme ähnlich wie beim Brustschwimmen: Zunächst hältst Du die Hände mit den Handflächen nach oben, nebeneinander, vor Deine Brust. Dann streckst Du die Arme aus, so weit wie es geht und zeichnest dann einen Bogen links und rechts nach außen, zu den Seiten und ziehst sie wieder zur Brust. Das Wichtigste an der Bewegung: Führe sie so langsam wie möglich aus, als würdest Du fast meinen, es bewege sich gar nichts. Wenn Dein Oberkörper sich im Rahmen der Armbewegung ein wenig mitbewegen möchte, gib dem nach. Der gedankliche Ansatz, der mit dieser Bewegung verknüpft ist, ist dieser: Du kannst alles, was Du bist und hast in die Welt geben, ohne, dass Du etwas verlierst. Schenke Deine Einzigartigkeit in die Welt, zeige Dich und Deine Individualität. So wie Du bist, bist Du ein Geschenk an die Welt. Und bleibst doch bei Dir, in Dir, als Zentrum der Bewegung, Zentrum von allem, was Du bist.

Deine Arme werden gerade irgendwo in der Runde der Armbewegung stecken, wenn die ersten sieben Minuten verstrichen sind und die nächste Phase beginnt. Als Übergang zu dieser Phase, drehst Du einfach in der Position, in der Du Dich gerade befindest, die Handflächen nach unten, gehabt langsam, und beginnst dann die Armbewegung in der entgegengesetzten Richtung zu machen. Die Arme beschreiben einen Bogen von außen nach vorne, bis die Arme ganz gestreckt sind und ziehen sich dann in Richtung Brust, von wo aus sie wieder zu den Seiten wandern. Der emotionale Gedankenansatz nun lautet: Du darfst alles nehmen, was die Welt zu bieten hat, ohne jemanden etwas wegzunehmen. Alles, was Du brauchst und möchtest, alles, was Dir fehlt, alles, wonach Du Dich sehnst, steht Dir zur Verfügung.

Erfahrungsgemäß fällt jedem Menschen eine der beiden gedanklichen Aktivitäten etwas schwerer, als die andere, entweder das Geben oder das Annehmen. Beobachte Dich; Wie ist es bei Dir? Wie verändert sich das mit den Wochen?

In der letzten Phase, von 15 Minuten, geht es ganz in die Ruhe. Nachdem mit den Armbewegungen das Summen verstummte, endet nun auch die Bewegung. Du kannst sitzen bleiben oder Dich hinlegen, wie Du möchtest. Nutze diese Phase, um nachzuspüren, was das Summen, Geben und Nehmen in Dir bewegt hat. Was hat sich verändert, geöffnet, gelöst? Wie fühlst Du Dich jetzt? Dein Atem ist ruhig, Deine Stimme ist ruhig, Dein Körper ist ruhig, Geben und Nehmen sind im Gleichgewicht, Du in Deiner Mitte.

Achtsamkeitsmeditation (Vipassana)

Charakteristiken: ruhig, schult die Körperwahrnehmung

Tradition: Vipassana basiert auf alten buddhistischen Traditionen und ist angeblich die älteste Meditationsform überhaupt. Sie wird in sehr unterschiedlichen Formen praktiziert, manche aktiv, manche inaktiv, also wundere Dich nicht, wenn Du unterschiedliche Beschreibungen findest.

Zur Achtsamkeitsmeditation gibt es sehr lange und ausführliche Anleitungen. Ich möchte hier auf ausschweifende Details verzichten und das vermitteln, was für einen Meditationsanfänger vonnöten ist.

Nimm eine ruhige Körperhaltung ein, es empfiehlt sich zu sitzen oder zu liegen. Atme ein – und aus. Konzentriere Deine Aufmerksamkeit auf Deinen Atem. Vielleicht nimmst Du Deinen Atem in der Nase wahr, vielleicht in den Lungen oder im Bauch, das ist ganz egal. Folge den Atembewegungen mit Deiner Aufmerksamkeit. Du darfst die Wörter „ein" und „aus" oder „rein" und „raus" im Rhythmus des Atems entstehen lassen. Wenn Du das Gefühl hast, dass Du Deine Aufmerksamkeit gut fokussiert hast und etwas vom Alltag hast abschalten können, dann dehne Deine Aufmerksamkeit auf Deinen ganzen Körper aus. Spüre hinein, wo sich etwas tut und folge dem ersten Impuls einer Körperempfindung.

Vielleicht ist es ein Klang, der in den Vordergrund Deiner Aufmerksamkeit tritt. Oder ein visueller Eindruck, vielleicht auch ein inneres Bild. Es könnte ein Zwicken im Körper sein. Es kann auch eine Stimmung oder ein Gefühl sein. Was es auch sein mag, lege Deine ganze Aufmerksamkeit darauf.

Verfolge, wie sich die Empfindung allein dadurch verändert, dass ihr Achtsamkeit entgegengebracht wird. Du kannst es Dir mit Worten beschreiben, mit Bildern oder einfach nur wahrnehmen.

Folge dann wiederum dem veränderten Gefühl mit Deiner ganzen Aufmerksamkeit.

Es ist möglich, dass eine Empfindung nach einer Weile wieder in den Hintergrund tritt oder ganz verschwindet. Dann beobachte Dich neu und lenke

Deine Aufmerksamkeit auf den nächsten Impuls einer Körperempfindung.

Behalte auch die Aufmerksamkeit in der Aufmerksamkeit. Diese Aufmerksamkeit ist keine bohrende Neugier, sondern eine sanfte Achtsamkeit, mit dem Wunsch, Dir genau anzuschauen, was dort in Dir passiert. Jedes Gefühl entsteht in jedem Moment neu. Jede Körpersensation ist eine andere, als noch einen Augenblick zuvor, wenn Du nur achtsam genug beobachtest.

Verfolge, lenke und beobachte Deine Achtsamkeit für die Dauer einer Stunde oder der von Dir definierten Zeit.

Mantra Meditation

Charakteristiken: ruhig, beruhigend durch Wiederholung

Tradition: Mantras sind ein wichtiger Bestandteil im Buddhismus, doch lassen sich auch Spuren davon in anderen Religionen finden, so zum Beispiel im Rosenkranz Beten des Katholizismus.

Mantras sind Worte oder Sätze, die ununterbrochen im Rhythmus der Atmung wiederholt werden.

Nun gibt es unzählige Worte, geschweige denn Sätze, welches sollst Du nehmen? In religiösen Traditionen wird ein Mantra vom Meister an den Schüler gegeben. Aber so ein Brimborium ist gar nicht notwendig. Ebenso wenig braucht es ein bedeutungsschwangeres Mantra in fremden Sprachen, wie z.B. Sanskrit. Für die Wahl des "richtigen" Mantras, halte ich es so: Du kannst jedes Wort wählen, was Dir zusagt. Viele Menschen nehmen Worte, wie Liebe, Frieden oder Ruhe, aber es könnte genauso gut „Toaster" sein, wenn Dir der Klang oder die Bedeutung gefällt.

Für viele Mantras, die aus Sätzen bestehen, gibt es über viele Generationen übermittelte Melodien. An diese Melodien kannst Du Dich natürlich auch halten oder Deine eigene kreieren. Das wohl bekannteste Mantra dieser Art, ist das Gayatri-Mantra, in Sanskrit. Anfangs hatte ich einmal gelesen, was die Worte bedeuten, damit konnte ich jedoch nicht viel anfangen. Braucht man auch nicht. Mich hat es beruhigt, die Worte zu singen, ganz egal, was sie bedeuten.

Bei der Meditation mit einem Mantra ist es egal, welche Körperhaltung Du einnimmst. Du kannst gehen, stehen, sitzen, liegen, wie es Dir gefällt.

Du kannst Dein Mantra laut aussprechen oder es innerlich für Dich sagen. Folge dabei dem Rhythmus Deines Atems.

Bei einem kurzen Wort, kannst Du das Mantra zum Beispiel mit jedem Ausatmen sagen und dann in Stille einatmen und die Pause zwischen den Atemzügen wahrnehmen. Oder Du verteilst das Mantra mit seinen Silben auf das Ein- und Ausatmen. Oder setzt es in die Pause zwischen den Atemzügen. Experimentiere etwas herum, wie es Dir am natürlichsten erscheint.

Wiederhole Dein Mantra für die Dauer einer Stunde oder der von Dir definierten Zeit. Es ist gut möglich, dass sich mit voranschreitender Zeit die Bedeutung des Wortes zersetzt, in Einzelteile, Silben, Laute, Emotionen. Es ist möglich, dass sich die Melodie verändert, tanzt, die Lautstärke variiert oder verstummt. Das brauchst Du nicht zu forcieren, nicht zu lenken, lasse es einfach geschehen. Beobachte, wiederhole, fühle, kehre in Dich ein.

Koan Meditation

Charakteristiken: ruhig, am Verstand orientiert

Tradition: Koans wurden in der Tang-Dynastie entwickelt (Schlütter 2008) und werden im Zen angewendet. Heutzutage gibt mehrere berühmte Koan Sammlungen als Quelle zur Meditation

Koans können ein guter Einstieg in Meditation sein, für verstandesgesteuerte Menschen und/ oder solche, die Dinge gerne wörtlich nehmen und sich bildlich vorstellen können.

Koans sind kurze Episoden, die auf den ersten Eindruck paradox und sinnlos erscheinen. Ein paar Beispiele:

Wie klingt das Klatschen von nur einer Hand?

Wenn ein Baum im Wald umfällt und es niemand sieht,
macht es dann trotzdem ein Geräusch?

Die Welle und das Meer sind eins.

Oder es können kleine Geschichten sein, wie diese zum Beispiel:

Ein Gelehrter trat vor Tao-hsin und fragte ihn "Was hältst du von meiner These, dass Geist und Körper immer eine Einheit bilden sollten?" Tao-hsin erwiderte "Bevor du diesen Raum betreten hast, hast du dir versucht vorzustellen wie ich aussehen und was ich sagen würde?" Der Gelehrte schwieg. (raizen.org, Die verschollenen Schriften von Tao-hsin, Christian Rusche)

Koans ließen sich oft mit rationalen Herleitungen erklären; doch darum geht es gar nicht! Den Widerspruch, der allen Dingen zu Grunde liegt, wird im Koan offenbart und es geht darum, diese Dissonanz zu spüren. Mit Rationalität kann man die Essenz eines Koans nicht ergründen, aber indem man das Paradox, den Widerspruch und die Rationalität in sein Gefühlsleben überträgt, lässt sich Erkenntnis gewinnen.

Wenn Dir dieser Ansatz gefällt, rate ich Dir, Dir eine Koan-Sammlung zu besorgen und Dir entweder rein zufällig oder nach Gefallen einen Koan herauszusuchen. Lerne ihn auswendig, behalte ihn im Geiste und begib Dich zur Meditation, gehend, sitzend oder liegend.

Für die Dauer einer Stunde, zersetze den Koan mit Deinem Geiste, spüre ihn in Deinem Körper, fühle ihn mit Deinen Emotionen. Vielleicht findest Du eine Lösung. Vielleicht findest Du ein Gefühl. Vielleicht findest Du eine Erkenntnis. In jedem Falle findest Du Dich.

Behalte den einen Koan bei. Selbst wenn Du meinst, ihn durchdrungen zu haben, glaube mir, es gibt noch mehr darin zu entdecken. Wechsele den Koan mit Bedacht.

Mandala malen

Charakteristiken: ruhig, visuell künstlerisch

Tradition: Mandalas entstammen der buddhistischen und hinduistischen Tradition, wo sie häufig zur Meditation in und Dekoration von heiligen Stätten genutzt werden. Im Christentum finden sich Entsprechungen zum Beispiel in ornamentalen Fensterdekorationen großer Kirchen oder dem Labyrinth von Chartres. (Nicht zu verwechseln mit einer aktiven Meditation namens "Mandala-Meditation" nach Osho.)

Für jene von uns, die visuell orientiert sind, eine hohe Aufmerksamkeit für Symmetrien, Muster, Formen und Farben in all ihren Details haben, möchte ich hier Mandalas vorstellen. Mandalas sind graphische, geometrische Muster, häufig in Kreisform. Die Tradition dieser Muster ist sehr alt, die moderne Variante kommt in Malbüchern daher. Das Ausmalen dieser Vorlagen kann als Meditation genutzt werden. Das ist eine sehr kreative Form der Meditation und ein bisschen anders, als die anderen Meditationen.

Hier liegt alles in Deiner Hand, von der Vorlage, bis zur Farbigkeit.

Suche Dir zunächst eine Mandala-Vorlage, die Dir zusagt. Es gibt sehr detaillierte Muster, auf denen es viele Kleinigkeiten zu betrachten und auszumalen gibt. Oder auch sehr puristische, zurückhaltende Muster, auf denen große Flächen auf Deine Farben warten. Vielen Vorlagen werden bestimmte Energien und Themen unterstellt. Davon brauchst Du Dich nicht beeinflussen zu lassen. Mein Tipp: Entscheide nach Lust und Laune. Vorlagen findest Du in speziellen Mandala-Malbüchern, im Internet, Du malst eines aus einem Buch ab oder kreierst Dein eigenes.

Als nächstes wähle das Zeichenmaterial Deiner Wahl, Bunt- oder Filzstifte, Tuschen oder Kreiden.

Hast Du Dich für ein Material entschieden, wähle die Farben aus, die Dir zusagen. Vielleicht hast Du vor Deinem inneren Auge schon eine Vorstellung, wie das fertige Mandala aussehen wird. Oder Du fängst einfach mal an und lässt Dich von Fläche zu Fläche führen.

Nun liegt alles bereit. Bevor Du loslegst, suche Dir einen Ort, an dem Du Dich wohl fühlst und ungestört bist. Hinsichtlich des Raumes und der Umgebung gibt es keinen Unterschied zu anderen Meditationen, nur solltest Du besonders auf eine ausreichende Beleuchtung achten.

Nun geht es beim Mandala Malen nicht nur um das pure Ausmalen und Colorieren, sondern um das konzentrierte Wahrnehmen der Form und Musterung. Die Formen und Farben werden während der Meditation verinnerlicht, eingeatmet, werden ein Spiegel Deines Inneren, Deiner Selbst. Spüre nach, was das Muster mit Dir macht. Welche Emotionen geweckt werden, wie es sich anfühlt, wenn Du die Form mit den Augen betastest und mit den Händen bearbeitest. Das Mandala dient als Eingang zum Kontakt mit Dir selber. Die Zeit des Ausmalens ist der Weg, der nach dem Eingang liegt.

Eine weitere, sehr viel herausfordernde Variante mit Mandalas zu arbeiten ist, das Mandala mit farbigem Sand zu streuen. Das erfordert zum einen das nötige Material, was im Bastel- oder Dekoladen zu bekommen ist und zum anderen handwerkliches Geschick, eine ruhige Hand und ruhigen Atem.

Das Ergebnis lässt sich nicht konservieren und das wäre auch gar nicht der Sinn der Sache. Es geht um die Präsenz, die Gegenwärtigkeit, die Du während des Erstellen spüren kannst. "Der Weg ist das Ziel" sozusagen. Das Ergebnis kannst Du den Weg allen Irdischen gehen lassen und dem Wind übergeben.

Eines gilt für beide Varianten, ob gemalt oder gestreut, es geht nicht um Perfektionismus. Ich weiß, das ist nicht leicht für viele von uns, aber auch Teil der Übung: Es muss nicht alles perfekt werden. „Perfektion ist Lähmung.", sagte schon Winston Churchill. „Mut zur Mittelmäßigkeit", nannte es meine Therapeutin. Das künstlerische Gestalten ist hier ein Vehikel zur Meditation. Dein Bild wird nicht bewertet, sondern es gilt die Erfahrung, die Du währenddessen machst.

Ich bin gespannt auf die Fotos Deiner Mandalas!

Hast Du Dir alle Meditationsformen durchgelesen? Ist es nicht erstaunlich, dass Meditation in so vielen, so unterschiedlichen Formen angegangen werden kann? Genau wie das Leben selber! Und mit Deiner Persönlichkeit wirst Du es sogar noch individueller gestalten.

Wenn Du Dich zu einer Meditationsform besonders hingezogen fühlst, dann lies weiter und bereite Dich auf Deine erste Meditation vor.

Wenn Du Dich zu mehreren Meditationsformen gleichermaßen hingezogen fühlst, dann wähle entweder mit Bedacht oder auch nur zufällig, denn Du kannst die Form ja später immer noch wechseln. Dein Leben ist lang genug, um alle Formen auszuprobieren, die Dir gefallen!

Wenn Dich keine der Meditationsformen angesprochen oder neugierig gemacht hat, empfehle ich einfach irgendeine auszuwählen und die passenden Vorbereitungen dazu zu treffen. Vielleicht klärt sich bei der Vorbereitung Deine Gefühlswelt und Du wählst noch einmal neu. Wenn nicht, dann ziehe es durch und lege einfach los, denn eine Methode ist so gut wie die andere, um erfüllende Meditationserfahrungen zu erleben.

Kapitel 7

Wann, wo, wie und
was soll ich anziehen?

Wann soll ich meditieren?

Jetzt, wo Du Dich mutmaßlich dazu entschieden hast, täglich zu meditieren, bleibt noch die Frage, zu welcher Tageszeit das am besten wäre.

Nach einigen Meditationslehren wird propagiert, dass man bestimmte Meditationen zu bestimmten Tageszeiten (oftmals unsagbar früh am Morgen) praktizieren müsse – oder zumindest sollte, damit es wirkungsvoll werde. Das sind Konzepte für Asketen. Die Tageszeit hat keine Auswirkung auf den Wirkungsgrad einer Meditation. Denn jeder Mensch hat einen persönlichen Tagesrhythmus, eine persönliche innere Uhr, nach der er tickt und es gilt sich vielmehr nach diesen individuellen Phasen zu richten – ebenso wie nach den zeitlichen Lebensumständen, wie z.B. Arbeitszeiten, Familienpflichten, Gassi-Zeiten, Trainingszeiten.

Es erleichtert den Einstieg in Meditation, wenn Du täglich zur gleichen Zeit meditierst. Dein Unterbewusstsein gewöhnt sich dann an diesen Prozess und erwartet dann schon diese Zeit der Innenschau, so dass Dir das Abschalten mit der Zeit immer leichter fallen wird.

Es wird vielleicht nicht immer möglich sein, täglich zum gleichen Zeitpunkt zu meditieren. Halte Dich dann an so vielen Tagen wie möglich daran und gestalte die anderen Tage nach den Gegebenheiten. In Ausnahmefällen, an sehr geschäftigen Tagen, ist es besser mal nur 15 Minuten zu meditieren, anstatt es ganz ausfallen zu lassen.

Wähle den Zeitpunkt so aus, dass er in Deinen Tagesablauf reinpasst. Beachte dabei auch die Abläufe Deiner Umgebung: Wenn Du zu Hause meditieren möchtest, beachte auch den Ablauf Deiner Familie. Wenn Du nachmittags um drei Uhr meditieren möchtest, aber Deine Kinder da gerne rumtoben, erschwert es Dir den Einstieg in die Meditation mit großer Wahrscheinlichkeit. Vielleicht kannst Du die Zeit so wählen, dass Du zu Hause alleine oder in jedem Falle ungestört bist.

Wenn Du im Freien meditieren möchtest, beachte die Tageslichtzeiten, die Temperaturen, den Verkehrs- beziehungsweise Geräuschpegel.

Wenn Du es Dir zu Beginn leicht machen möchtest, wähle die Zeit auch so, dass Du möglichst nicht zwischen stressreichen Aktivitäten „schnell mal" meditierst. Denn ein zeitlich enges Umfeld wird es Dir erschweren, in die Ruhe der Meditation hineinzufinden. Wenn Du hingegen mit der Zeit auf positive Meditationserfahrungen zurückgreifen kannst, kann eine Meditation zwischen stressreichen Aktivitäten beruhigend und ausgleichend wirken.

Wähle den Zeitpunkt so aus, dass er zu Deinem Körperrhythmus passt. Wenn Du jemand bist, der morgens schwer wach wird und Probleme damit hat, in Gang zu kommen, dann wird es Dir auf die Dauer wahrscheinlich schwer fallen, morgendliche Meditationszeiten einzuhalten. Wenn Du todmüde meditierst, ist die Gefahr groß, dass Du bei einer ruhigen Meditation einschläfst, damit machst Du es Dir also unnötig schwer. Oder Du nutzt dann extra eine aktive Morgenmeditation, um den Tag voller Elan zu beginnen.

Eine aktive Meditation vor dem Schlafengehen hingegen könnte Dich unnötig aufputschen und das Einschlafen erschweren.

Hast Du Dich für eine Zeit entscheiden, richte Dir dann Deinen Meditationsort so ein, dass der der Tageszeit angepasst ist:

Früh morgens könnte es noch kalt sein, sorge dann für ausreichend Wärme. Nachmittags könnte Deine Lieblingssendung im TV laufen, programmiere den Rekorder dementsprechend. Wählst Du Deine Zeit so, dass sie um den Sonnenuntergang liegt, dann denke bereits zu Beginn der Meditation daran, Licht einzuschalten, wenn Du am Ende nicht im Dunkeln sitzen möchtest.

Wenn Du zu der Zeit nicht alleine zuhause bist, informiere Deine Mitmenschen über Deine Meditationszeit und gewöhne sie daran, Dich dann nicht zu stören.

Egal für welche Zeit Du Dich entscheidest, mache Dir bewusst, dass die Meditationszeit Zeit für Dich ist. Zeit, die Du Dir schenkst. Nutze sie. Genieße sie!

Wo soll ich meditieren?

Zum Meditieren braucht es kein Mönchskloster, keinen Seerosenteich oder Zen-Garten. Du brauchst keinen besonderen Platz, kein separates Zimmer, nicht mal eine gesonderte Ecke, wenn Du nicht möchtest – oder kannst. Denn im Grunde kannst Du überall meditieren, die Hauptsache ist, dass Du Dich dort wohl fühlst. Beachte dabei Deine persönliche Sensibilität auf Licht-, Geräusch-, Geruchs- und Temperaturverhältnisse. Und dass der Ort auch für die Meditation angemessen ist, die Du gewählt hast, bezüglich Platzanspruch und Geräuschentwicklung.

Zuhause Meditieren

Am verbreitesten ist wohl, einfach in Deinem Zimmer/ Deinem Zuhause zu meditieren. Dort bist Du in gewohnter Umgebung, was Sicherheit vermitteln kann. Zudem verfügst Du über die Freiheit, Dir einen speziellen Bereich dafür herzurichten. Hier kannst Du jede Form der Meditation praktizieren, ohne ungewünschte Zuschauer befürchten zu müssen.

Dein Meditationsort kann eine visuell ruhige Ecke im Raum sein oder ein schöner Platz am Fenster, vielleicht auch Dein Bett. Selbstverständlich muss Dein Meditationsort aber nicht Dein Zimmer direkt sein, Du könntest auch auf dem kuscheligen Teppich des Badezimmers meditieren, oder in der Geborgenheit Deines Schrankes.

Zu Hause wäre es lediglich zu empfehlen, eventuelle Familienangehörige oder Mitbewohner über Deine Meditationszeiten zu informieren, damit Du nicht gestört wirst.

Draußen meditieren

Es gibt aber noch zahlreiche weitere geschlossene Räume, in denen Du Dich vielleicht wohl genug fühlst, um dort zu meditieren: In der gedämpften Ruhe einer Bibliothek, in einer Kirche – Du musst nicht gläubig sein, um die Beschaulichkeit genießen zu können –, in der Schönheit eines Museums oder in der anonymen Lebendigkeit einer U-Bahn.

Wenn Du Dich für einen öffentlichen, geschlossenen Ort entscheidest, muss Dir klar sein, dass es sich nicht empfiehlt dort auffällige aktive Meditationen zu praktizieren. Und natürlich musst Du mit Störungen rechnen, durch andere Besucher dieses Ortes.

Oder Du begibst Dich nach draußen. Viele Hochsensible haben besondere Plätze in der Natur, die ihnen zum Rückzug dienen, um den Reizen des Alltags für eine Weile zu entfliehen. Gehörst Du dazu? Dann meditiere im Park, im Wald, am Fluss, in der Freiheit eines offenen Feldes, in Deinem Garten, am Fuße eines Baumes, in der Ruhe eines Teichufers, am Meer – so Du das Glück hast in dessen Nähe zu leben; oder tauche ab, in die Lebendigkeit der City.

In öffentlichen Orten im Freien, wie zum Beispiel einem Park oder im Wald, sind auch aktive Meditationen möglich, sofern es Dir nicht unangenehm wäre, dabei eventuell beobachtet zu werden. Bitte lies hierzu auch weiter hintenden Abschnitt „Allgemeines zu Meditationen in der Natur".

Du siehst, es gibt viele Möglichkeiten, wo Du Deinen Ort fürs Meditieren finden kannst. Sorge für Dich und wähle einen Ort, an dem Du Dich einfach wohl fühlst.

Wie lange sollte ich meditieren?

Dazu gibt es diesen viel zitierten Spruch: "Wenn Du täglich keine halbe Stunde Zeit hast, um zu meditieren, dann meditiere eine Stunde." Denn wenn Du keine halbe Stunde Zeit dafür am Tag Muße hast, dann hast Du es besonders nötig, Dir Ruhepausen zu schaffen. Ich empfehle Anfängern wirklich zu versuchen, jeden Tag zu meditieren und zwar

30 bis 60 Minuten.

Nach meiner Erfahrung braucht man als Anfänger mindestens 15 Minuten Zeit, um den Geist vom Alltag auf Meditation umzustellen. Damit man dann auch noch etwas von der Meditation hat, empfehle ich als Minimum 30 Minuten. Dieses ist eine Empfehlung, kein Muss. Wenn Dir das nicht möglich ist – wegen der Lebensumstände oder einfach der Lust – dann nutze es nicht als Ausrede, erst gar nicht anzufangen. Auch das bekomme ich öfter zu hören: "Ich würde ja gerne meditieren, aber ich habe keine Stunde Zeit am Tag, also kann ich leider nicht meditieren." Das ist eine bequeme Ausrede. So wie 15 Minuten Sport am Tag immer noch mehr bringen, als gar kein Sport, verhält es sich mit Meditation auch.

Wenn Du das Meditieren ernsthaft betreibst, dann *musst* Du es nicht jeden Tag machen, dann *möchtest* Du es jeden Tag machen. Gib Dir ein paar Wochen Zeit, bis die ersten Erfolge eintreten. Im Laufe der Jahre, wird es Dir immer leichter fallen, in die Meditation hineinzufinden, so dass Du die Zeit reduzieren und trotzdem im selben Maße davon profitieren könntest.

In meinen Jahren habe ich in Meditationsgruppen öfter mal eine Art versteckten Wettbewerb beobachtet, der darum ging, wer wann wie lange meditiert hat. Das führte zu Aussagen wie: "Ich meditiere jeden Tag drei Stunden." Und ich fragte mich: "Und? Bist Du jetzt ein besserer Mensch?" Wenn es Dir gut tut, ok, dann mach' es. Aber bei einer Meditation geht es um die Qualität, nicht um die Quantität. Besser eine halbe Stunde konzentriert meditieren, als drei Stunden rumzusitzen, nur um die drei Stunden zu schaffen.

Als Anfänger führt die Qualität jedoch über die Quantität. Wie bei anderen Dingen, die man lernt, z.B. ein Instrument zu spielen, geht es um die Übung. Und wenn Du nicht übst, kann dabei nichts rauskommen. Deshalb empfehle ich die besagten 30 bis 60 Minuten am Tag.

Später wirst Du ein Gefühl dafür bekommen, welcher Rhythmus Dir gut tut. In manchen Lebensphasen hast Du vielleicht ein Bedürfnis nach längeren Meditationen, wenn es Dinge gibt, die Dich belasten zum Beispiel und in stabilen Phasen spürst Du vielleicht, dass Du gerne auch die Zeiten verkürzen kannst.

CDs mit passender Musik für aktive Meditationen dauern in der Regel eine Stunde. Möchtest Du jedoch nur eine halbe Stunde investieren, dann verkürze die Phasen alle proportional auf die entsprechende Zeit; aus einer Phase von 30 Minuten wird demnach eine von 15 Minuten.

Solltest Du einmal keine Zeit haben, eine Meditation über den von Dir gewählten Zeitraum ganz durchzuführen, z.B. weil es an der Haustür klingelt und endlich das lang erwartete Paket da ist oder ein Freund früher als erwartet eintrifft, dann ist es kein Problem die Meditation "verfrüht" zu beenden. Diese Freiheit gilt ebenso für aktive Meditationen, die einem bestimmten Ablauf mit bestimmten Phasen folgen; Du bist der Herr Deiner Meditation und bestimmst, wann sie beendet ist. Denn im Grunde, ist eine Meditation in jedem Moment komplett. Wenn Du mit Deiner Aufmerksamkeit dabei bist, dann ist sie in jedem Moment komplett, braucht kein Anfang und kein Ende.

Und was soll ich anziehen?

Diese Frage ist einfach und kurz zu beantworten, denn meine oberste Regel diesbezüglich ist: Hauptsache bequem!

Viele HSP haben ja Vorlieben oder Abneigungen gegenüber bestimmter Stoffe und Materialien. Das kannst Du hier voll ausleben und im besten Falle einfach auf Deine Lieblingsklamotten zurückgreifen – oder in Deinem Zuhause auf alle Bekleidung verzichten.

Für eine aktive Meditation solltest Du darauf achten, dass Du Dich in der Kleidung gut bewegen kannst. Für eine passive Meditation ist es wichtig, dass Du gemütlich in der Kleidung sitzen oder liegen kannst. Verzichte auf zu enge und starre Stoffe oder Bündchen, die die Blutzirkulation beeinträchtigen können.

Wenn Du draußen meditierst, dann denke daran, Deine Kleidung auf die klimatischen Bedingungen abzustimmen, damit Du in jedem Fall für Wind und Wetter oder Sonneneinstrahlung gerüstet bist.

Es gibt auch spezielle Kleidungsstücke für Meditationen, wie zum Beispiel Meditationsschals, die jedoch keinen tieferen Sinn beinhalten, als ein nettes Accessoire zu sein.

Wenn Du Dir bestimmte Kleidungsstücke für Deine Meditationspraxis suchst, können Sie Teil Deines Meditationsrituals werden.

Allgemeines zu Meditationen im Sitzen

Worauf soll ich sitzen?

Beim Sitzen stellt sich ja zunächst die Frage: Worauf? Für Meditationen im Sitzen werden zahlreiche Sitzgelegenheiten angeboten. Was all diese Meditationsstühle auszeichnet, ist, dass sie für das Sitzen am Boden gemacht sind.

Hier stelle ich die verschiedenen Formen von Meditationsstühlen vor:

Meditationskissen

Am weitesten verbreitet sind wohl Meditationskissen. Die Grundhaltung darauf ist diese, dass man sich darauf setzt und die Beine links und rechts abwinkelt, so dass die Schienbeine und Fußrücken auf dem Boden aufliegen.

Es gibt sie mit unterschiedlichen Füllungen, weicher, härter, mit Baumwolle oder verschiedenen Getreidekörnern. Die Sitzhöhe bestimmt der Schnitt, sie lässt sich jedoch, wie der Härtegrat auch, durch die Menge an Füllung beeinflussen. In der Regel empfinden Anfänger hohe Kissen als gemütlicher.

Meditationsbänkchen

Die Meditationsbänkchen sind in der Regel alle aus Holz gefertigt. Im Gegensatz zum Meditationskissen kann man auf einem Bänkchen die Beine unten hindurchstecken.

Es gibt sie mit geraden oder abgeschrägten Füßen, die dafür sorgen sollen, dass der Rücken aufrecht ist. Es gibt Versionen mit kleinen Kissen darauf, winzigen Lehnen daran oder mit einklappbaren Fußteilen, die es erlauben, das Möbel platzsparend zu verstauen oder einfach mitzunehmen.

Eine elegante Variante des Meditationsbänkchens ist der *Benchbow*, der in der runden Form eines Bogens gestaltet ist.

Bodenstühle

Sehr bequem sind die sogenannten Bodenstühle. Die bestehen aus einem Metallgerüst in der Form eines schiefen Ls, welches mit Stoff umspannt ist. Vorne ist ein Kissen dran, so dass Du Dich bequem an hohe Rückenlehne (das L) anlehnen kannst. Die Beine kannst Du im Schneidersitz halten oder ausstrecken.

Auch diese Stühle gibt es als klappbare Variante.

Bodenkissen

Aber es geht noch niedriger: Selbstverständlich kannst Du auch ganz auf dem Boden sitzen. Um das etwas bequemer zu gestalten, kannst Du einen **Zabuton** unterlegen, das ist ein flaches, breites Kissen, was sich auch unter Meditationsbänken aus Bequemlichkeit sehr empfiehlt. Oder als günstigere Variante einfach eine Wolldecke unterlegen.

Alternativen

Sind Dir diese Positionen alle zu unbequem, kannst Du selbstverständlich auch auf einem ganz **normalen Stuhl** Platz nehmen. Oder auf einem Sessel, auf dem Sofa, auf dem Bett. Der Qualität Deiner Meditation tut es keinen Abbruch, wenn Du nicht auf einem speziellen Meditationsstuhl sitzt. Dein Körper darf bequem sitzen.

Wie soll ich sitzen?

Auf den meisten Abbildungen von sitzenden Meditierenden, befindet sich die Person im Lotus-oder Yoga-Sitz; im Schneidersitz mit „verknoteten" Beinen. Es gibt, wie könnte es anders sein, auch Konzepte von Meditationen, die besagen, dass man in dieser Position sitzen *müsse*, damit die Energie richtig fließe und man so wahre Meditation erleben könne. Das ist ein überflüssiges Konzept. Du brauchst keinen Lotus-Sitz zu können, nicht einmal Schneidersitz. Im Grunde ist es egal, wie Du sitzt. Du kannst die Beine aufstellen, anwinkeln, ausstrecken, was immer Dir gefällt.

Du darfst Dich sogar bewegen – erwartungsgemäß ist das ebenfalls in vieler Meditations-Literatur verpönt. Es gibt Deiner Meditation keinen Mehrwert, wenn Dir die Beine einschlafen, überlasse das den Asketen; es sei denn, Du möchtest in der Meditation Deine physischen Grenzen austesten. Lies dazu auch das Kapitel „Meditation & Körper".

Wird es mal unbequem, sind oftmals auch gar keine großen Haltungsänderungen vonnöten. Wenn Du bemerkst, dass es unbequem wird, dass Dein Körper unangenehme Verspannungen aufbaut, dann erinnere Dich daran, dass Dein Körper bequem sein darf. Es mag komisch klingen, aber vielleicht kann Dein Körper ja doch in dieser Haltung bequem sein, wenn Du es ihm nur gestattest? Falls nicht, frage Dich, welche Position notwendig wäre, damit Dein Körper wieder bequem ist. Beginne diese Position einzunehmen, behutsam, achtsam, nach und nach. Vielleicht braucht es gar nicht so viel Veränderung der Position, wie Du dachtest. Folge Deinem Körpergespür, bis Du wieder in einer bequeme Position bist.

Worauf ist sonst noch zu achten?

Egal, auf welches Sitzmöbel Du Deinen Hintern betten möchtest, es gibt Gesichtspunkte, die für alle Gegebenheiten gelten:

Bequeme Polsterung

Ich habe in meinem Leben schon viele tausend Stunden meditierend gesessen. Lasse Dir daher von einem erfahrenen Meditationskörper sagen: Es kann gar nicht bequem genug sein. Denn nach einiger Zeit wird auch der bequemste Meditationsstuhl hart und ungemütlich. Halte also gerade wenn Du neu mit dem Meditieren beginnst, ein extra Kissen bereit oder sei vorbereitet die Sitzgelegenheit während der Meditation unter Umständen auch mal ganz zu wechseln.

Bequeme Kleidung

Achte darauf, dass auch in sitzender Haltung Deine Kleidung bequem ist. Verzichte am besten auf einengende Stoffe und Bündchen. Bitte lies dazu auch den Abschnitt „Und was soll ich anziehen?".

Wärme

Von Natur aus bin ich sehr kälteempfindlich. Aber auch wenn Du diesbezüglich unempfindlich bist, erwähne ich hier immer daran zu denken, dass der Körper bei langen, unbeweglichen Sitzen auskühlen kann. Du kannst das gleich von Beginn an bei Deiner Bekleidung beachten und Dich warm anziehen. Darüber hinaus lege eine Decke in die Nähe, in die Du Dich bei Bedarf einkuscheln kannst. Ich habe auch gerne ein Heizkissen an meinem Platz, um Füße oder Nieren zu wärmen.

Ausblick

Die meisten Meditierenden, gerade wenn sie erst mit dem Meditieren neu beginnen, haben im Sitzen die Augen am liebsten geschlossen. So ist schon mal eine Quelle von Reizen ausgeschlossen und die Achtsamkeit kann leichter nach innen gelenkt werden.

Mit geöffneten Augen zu meditieren, bedarf einiger Übung. Wenn Du mit geöffneten Augen meditieren möchtest, ist ein weiterer wichtiger Punkt, worauf Du blickst, während Du sitzt; auch wenn der Blick unscharf und nach unten gerichtet sein sollte. Ob das nun eine weiße Wand, ein Spiegel, ein Fenster, ein Mandala oder sonst etwas ist, hier möchte ich zur Eigenverantwortung aufrufen, also wähle den Ausblick, der Deiner Meditation förderlich ist.

Allgemeines zu aktiven Meditationen

Als aktive Meditationen bezeichne ich Meditationen, die mit Bewegung ausgeführt werden. Aktive Meditationen können sehr unterschiedlich aussehen, bei manchen wird gesprungen und getanzt, bei anderen nur im Sitzen die Arme ruhig bewegt. Jedoch gibt es einige Faktoren, die für alle aktiven Meditationen gelten, die ich hier vorstellen möchte.

Gesundheit

Es gibt aktive Meditationen, die wirklich körperlich herausfordernd sein können. Deine Gesundheit hat oberste Priorität. Du bist verantwortlich für Dein Wohlbefinden und Deine Gesundheit, auch beim Meditieren. Daher achte immer auf Deinen Körper und achte darauf, was für ein Feedback er Dir gibt. Was an einem Tag für Dich und Deinen Körper vollkommen in Ordnung sein kann, mag an einem anderen Tag zu viel Belastung sein.

Du darfst Meditationsinstruktionen so modifizieren, dass sie Deinen Bedürfnissen entsprechen, zum Beispiel aus großen Bewegungen kleine machen, aus schnellen Bewegungen langsame.

Platz

Bewegung braucht Raum. Bei der Wahl Deines Meditationsortes für eine aktive Meditation achte daher darauf, dass Du ausreichend Raum für die erforderte Bewegung hast, am besten sogar etwas mehr. Bedenke, dass man im Eifer der Meditation sich eventuell nicht so gezielt zu bewegen vermag, wie normalerweise. Daher ist es ratsam, etwas mehr Platz einzuplanen, als Sicherheitszone sozusagen.

Dieser Bewegungsspielraum, den Du Dir schaffst, sollte so gestaltet sein, dass Du Dich nicht verletzen kannst, wenn Du zufällig von der geplanten Bewegung abkommst. Und so gestaltet sein, dass nichts kaputt gehen kann, also Vasen, Porzellanelfen oder Modellflugzeuge lieber in Sicherheit bringen.

Kleidung

Bei aktiven Meditationen, kann der Körper schon mal aufheizen, wie beim Sport. Und ebenso wie beim Sport, ist es bei aktiven Meditationen wichtig, Kleidung zu tragen, in der man sich möglichst frei bewegen kann.

Viele aktive Meditationen bestehen aus verschiedenen Phasen. Jede Phase sieht eine andere Art von Aktivität vor. Meistens beginnt es mit viel Bewegung und endet in der letzten Phase in einer ruhigen Körperhaltung, im Sitzen oder Liegen. Das stellt unterschiedliche Ansprüche an die Kleidung, mal nicht zu heiß, mal nicht zu kalt. Daher empfehle ich den „Zwiebelschalen-Look", das soll heißen: mehrere Schichten dünner Kleidung tragen, so dass man je nach Bedarf etwas aus- oder anziehen kann.

Rücksicht

Aktive Meditationen verursachen unter Umständen einen gewissen Geräuschpegel. Wenn nicht die Bewegung und Gefühlsäußerungen an sich, so eventuell die begleitende Musik, die hilft aktive Meditationen durch die verschiedenen Meditationsphasen zu begleiten.

Frage Deine Mitmenschen, ob Du sie mit der Meditation störst und sucht gegebenenfalls gemeinsam nach Lösungen, die für beide Seiten passend sind. Zu einer anderen Zeit zu meditieren oder die Lautstärke der Stereoanlage zu reduzieren, können Lösungsansätze sein. Wegen der Lautstärke persönlicher Gefühlsäußerungen, kann ein Kissen als Schalldämpfer große Wirkung erzielen.

Rücksichtnahme beruht aber selbstverständlich auch auf Gegenseitig- keit, so kannst Du für Deinen Teil auch Rücksicht erwarten, bei der Me- ditation nicht gestört zu werden. Besprich das im Vorfeld mit Deinem Umfeld.

Allgemeines zu Meditationen in der Natur

Die Natur hat eine beruhigende Wirkung auf die Seele des Menschen. Es ist wissenschaftlich nachgewiesen, dass die Farbe Grün beruhigend auf uns wirkt. Nicht umsonst hatte Windows für viele Jahre das Bild eines grünen Hügels mit blauem Himmel als Bildschirmhintergrund gezeigt.

Auch Hochsensiblen bietet die Natur oftmals einen Rückzugsort, eine Auszeit von Gesellschaft und Kommunikation – und gesund ist frische Luft zudem auch noch.

Für die meisten von uns ist die Natur ein Ort der Freizeit, weil wir in Schule, Beruf und Zuhause immer in geschlossenen Räumen leben. Ein Ausflug in die Natur ist damit für sich schon ein Zeichen von Auszeit. Die dort meist vorherrschende Ruhe und die imposante, zarte Schön- heit sind wahre Kraftspender. Wegen all dieser positiven Eigenschaften ist die Natur ein sehr geeigneter Ort zum meditieren, so Du Dich dort wohlfühlst.

Wie geht das?

Wie kann eine Meditation in der Natur aussehen? Zum einen kannst Du die Natur natürlich als Ort benutzen, in dem Du Deine von Dir ausgewählte Meditation praktizierst, ob aktiv oder ruhend. Damit ist die Natur Dein Meditationsraum im Freien, die Methode keine andere, als Du sie im Innen praktizieren würdest. Über Platzmangel für aktive Meditationen, brauchst Du Dich dort mit Sicherheit nicht zu sorgen.

Zum anderen kannst Du die Natur selbst als Meditationsobjekt benutzen. Die natürlichen Geräusche, Gerüche, Sensationen und Eindrücke bieten einen unvergleichlichen Einstieg zur Versenkung. Beobachte das Tanzen der Blätter und Gräser, die Wirbel des Wassers, lausche auf das Rauschen des Blattwerks oder das Plätschern von Wasser, verfolge den Zug der Wolken, öffne Dich für die Details im Großen und Ganzen oder die imposante Kulisse einer ganzen Landschaft.

Auch hier sei noch einmal wiederholt, dass allein Du es bist, mit Deiner inneren Einstellung, der aus einer Tätigkeit eine Meditation machen kann; nur Du kannst aus einem Ausflug in die Natur eine Meditation machen. Öffne Dich für die Schönheit Deiner Umgebung, für die Ehrlichkeit der Natur, öffne Dich für Dein Inneres, mit Ehrlichkeit, ohne künstliche Barrieren, Du als Teil der Natur, Du als Leben.

Worauf ist zu achten?

Generell
Beziehe Deine persönliche Sensibilität auf Licht-, Geräusch-, Geruchs- und Temperaturverhältnisse in die Wahl Deines Naturortes mit ein.

Tageszeiten
In der Natur bist Du unmittelbar von den natürlichen Lichtverhältnissen abhängig. Beachte daher, dass sich die Tageslichtzeiten im Laufe des Jahres verschieben und Du Deine Meditationszeit gegebenenfalls

auch daran adaptieren möchtest.

Zuschauer

Sofern Du nicht über ein eigenes, großes Grundstück verfügst, auf dem Du meditieren kannst, wirst Du bei Meditationen in der Natur mit eventuellen Zuschauern rechnen müssen, daher überlege Dir, ob Du damit zurechtkommst. Manchmal habe ich es erlebt, fragend angeguckt zu werden, aber das war's dann auch schon.

Eine Freundin von mir lebte in einem sehr waldigen Gebiet, in das sie täglich aufbrach, um eine Geh-Meditation zu praktizieren. Dort auf dem Dorf war es üblich, sich zu grüßen, wenn man sich traf und vielleicht ein paar Worte zu wechseln. Da sie jedoch nicht in ihrer Meditation gestört werden wollte, ließ sie sich ein T-Shirt drucken, auf dem in großen Lettern stand: „Ich meditiere, bitte nicht stören" Damit war alles gesagt! Fortan begegneten ihr nur noch lächelnde – und schweigende – Gesichter auf ihren Meditationspfaden.

Kleidung

Bei Meditationen in der Natur ist verständlicherweise sehr auf eine angemessene Kleidung zu achten. Sie sollte den klimatischen Verhältnissen und der Witterung angepasst sein, vor Nässe, Kälte oder Sonneneinstrahlung schützen. Gerade wenn Du zu Blasenentzündungen neigst, wie es viele Frauen tun, kann es gesundheitlich bedenklich sein, bei Kälte eine Stunde im Freien zu sitzen. Da können isolierende Kleidung oder Sitzunterlagen Abhilfe schaffen.

Haare

Ein Tipp, den ich allen mit langen Haaren noch mitgeben möchte ist, sich die Haare beim Meditieren im Freien zusammenzubinden, ein Haarband oder Mütze zu tragen. Ich persönlich empfinde es nämlich als äußerst unangenehm ständig meine Haare durchs Gesicht fliegen zu haben. Das kann der Konzentration schon abträglich sein.

Alternative

Falls das Wetter mal so ist, dass es Dir nicht möglich sein sollte, wie gewohnt in der Natur zu meditieren, überlege Dir bereits im Vorfeld Alternativen, so dass Deine Meditation nicht aufgrund des Wetters ausfallen muss.

Kapitel 8

Hilfsmittel für Meditation

Wecker

Eine Uhr ist sehr nützlich, um während der Meditation die Zeit im Auge zu behalten; ein Wecker ist sogar noch nützlicher. Wenn Du den Wecker auf die Endzeit der Meditation stellst, kannst Du während der Meditation ganz abtauchen und alles um Dich herum vergessen.

Persönlich bevorzuge ich einen Wecker mit einem sanften Klingelton, der mich nicht abrupt mit lauten Piepen aus der Meditation schrecken lässt. Bei MP3-Weckern oder einfach dem Wecker im Handy lassen sich heutzutage ja problemlos die Klingeltöne auswählen.

Es gibt auch spezielle Meditationsuhren, die sich einfach nur dadurch auszeichnen, dass sie wie ein Countdown rückwärts laufen. Darüber hinaus gibt es auch eigens produzierte Meditationswecker, in denen ein Klangstab angebracht ist, der durch sanftes Erklingen weckt. Zu guter Letzt gibt es sogar eine CD, auf der nur Stille ist, bis am Ende einen Gong-Schlag ertönt.

Musik

Viele Menschen nutzen Musik, als Begleitung zum Meditieren. Das kann man machen, muss man natürlich nicht. Viele wählen Musik, weil sie beruhigend wirkt und so den Einstieg in die Meditation erleichtern kann. Viele Hochsensible reagieren sehr empfindlich auf auditive Reize. Wenn Dir die Musik nicht zu viel ist, kann Dir Musik helfen, Dich auditiv zu fokussieren, wodurch eventuelle Umgebungsgeräusche in den

Hintergrund treten.

Wenn Du auf der Suche nach einer passenden Meditationsmusik bist, dann rate ich Dir auf jeden Fall in viele unterschiedliche CDs reinzuhören, bevor Du Dich entscheidest. Und höre nicht nur den Anfang der CD an, sondern verschiedene Stellen, da sich die Musik und die Lautstärke im Laufe einer CD oftmals ändern.

Die verschiedenen Arten von Meditationsmusik findest Du hier.

Instrumental

Am häufigsten ist Instrumentalmusik, auch mit Naturgeräuschen kombiniert. Es gibt ein geradezu unerschöpfliches Angebot an Entspannungsmusik. Allein Dein Geschmack kann entscheiden, was Dir davon gefällt. Da sich die Musikgeschmäcker so stark unterscheiden, möchte ich nur einen CD-Tipp geben, für diejenigen Leser, die gerne einen Anhaltspunkt haben, an dem sie einsteigen können. Ein berechtigter Klassiker: „Angel Love" von Aeoliah

Aktive Meditationen

Für die beliebtesten aktiven Meditationen gibt es eigens produzierte CDs, die die verschiedenen Phasen der Meditation akustisch abgrenzen und begleiten.

Ich empfehle hier die Musik von Deuter. Die entspricht zwar nicht ganz meinem Geschmack, aber bietet den Vorteil, dass es ein großes Sortiment für die unterschiedlichsten Meditationen gibt.

Mantras

Auch für Mantras gibt es gesondert eingespielte CDs. Im Allgemeinen eignen diese sich jedoch nur für den Beginn einer Meditation, weil die einzelnen Stücke zu kurz für eine andauernde Meditation sind.

Wunderschön anzuhören und zum Erlernen der Melodien, möchte ich die CDs von Deva Premal empfehlen.

Vorlieben

Auch wenn im Allgemeinen ruhige Musik als Meditationsmusik gilt, kann man aber jegliche Art von Musik wählen. Wie alle anderen Faktoren beim Meditieren, kommt es auch hier auf Deine persönlichen Vorlieben an, Jazz, Techno, Metal, was auch immer. Ich habe auch bereits mit Klienten zu Heavy Metal meditiert, weil wir beide darauf standen. Heavy Metal überrascht häufig übrigens durch sehr gute Lyrics, die man in die Meditation mit einbinden kann. Du könntest Dir auch Deine eigene CD oder MP3 Musikliste zusammenstellen.

Summen

Ich summe gerne vor mich hin, um mich in stressigen Situationen zu entspannen. Das kannst Du natürlich auch in die Meditation mit einbinden. Bei der Nadabrahma-Meditation ist es ein fester Bestandteil des Meditationsablaufs. Oder summe einfach so; wenn es Dir gut tun, ist es rechtens.

Stimmgabel

Eine etwas andere Form des auditiven Einstiegs in eine Meditation kann auch eine Stimmgabel bieten. Ich würde dazu den Om-Tuner von *Biosonics* empfehlen. Der Tuner hat einen sehr ruhigen, tiefen Ton, der bei mir unmittelbar die Atmung entspannt und Ruhe vermittelt.

Sei kreativ

Vielleicht beruhigt Dich auch das Ticken einer Uhr oder eines Metronoms. Vielleicht das Rauschen des Verkehrs oder das Schnarchen Deines Hundes. Schaffe Dir die Geräuschkulisse, die Deiner Entspannung und Konzentration zuträglich ist, was es auch sein mag. Wenn Du musikalisch bist, kannst Du selbstverständlich auch Deine eigene Musik für Deine Meditation kreieren. Da sind Deinem künstlerischen Ausdruck keine Grenzen gesetzt.

Ohrstöpsel

Viele Hochsensible verfügen über eine hohe Empfindlichkeit gegenüber Geräuschen. Meditation macht mit der Zeit etwas toleranter gegenüber akustischen Überreizungen, aber bis dahin brauchst Du Dich während der Meditation nicht zu quälen.

Um die Konzentration nach innen zu richten, hilft es die Reize von außen zu reduzieren. Für die Ohren kannst Du dann auf Ohrstöpsel oder Noise-cancelling-Kopfhörer zurückgreifen.

Eine andere Möglichkeit ist, Dich akustisch auf begleitende Musik zu konzentrieren, um andere akustische Reize in den Hintergrund zu rücken.

Schreibzeug

Meditationsbuch

Ein Vorschlag von mir ist, ein Meditationsbuch zu führen. In einem Meditationsbuch kannst Du alle Eindrücke, die mit Deiner Meditationspraxis zusammenhängen festhalten und behältst so auch langfristig den Überblick über Deine Entwicklung. Viele meiner Klienten suchen sich dafür ein besonders schönes Buch aus, manche bekleben es mit schönen Fotos oder bemalen den Umschlag. In modernen Zeiten lässt es sich natürlich auch am PC führen, das liegt ganz an Deinen Vorlieben. Manchmal wird das Meditationsbuch mit der Zeit auch zum Tagebuch oder ein Tagebuch zum Meditationsbuch, wenn die Meditationspraxis zum Teil Deines Lebens wird.

Das Meditationsbuch kannst Du zum Ort Deiner Meditation mitnehmen und mit Stift bereitlegen. Nach Beendigung der Meditation, kannst Du Dir dann im Meditationsbuch Notizen machen.

Als Stichpunkte können Fragen wie diese dienen:

- Wie hast Du Dich während der Meditation gefühlt?
- Wie hat sich Dein Körper angefühlt?
- Welche Gedanken gingen Dir durch den Kopf?
- Hattest Du Ideen oder Erkenntnisse während der Meditation?
- Welche Emotionen kamen hoch?
- Wie fühlst Du Dich jetzt am Ende?
- Wie fühlt sich Dein Körper jetzt?

- Welche Gedanken sind jetzt im Vordergrund?

Deine Eindrücke brauchst Du natürlich nicht in Worten zu formulieren, Du kannst zum Beispiel auch Farben malen, die Deinen Gefühlen entsprechen oder Schulnoten für Dein Befinden vergeben. Ein Jugendlicher, mit dem ich arbeitete, war ein großer Auto-Fan und drückte seine Empfindungen in einer Kopf-internen Skala von Autos aus, vom VW-Käfer bis zum Porsche.

Anstatt Dir nur im Nachhinein Notizen zu machen, kannst Du auch im Vorfeld schon notieren, wie Du Dich fühlst, was Dir so durch den Kopf geht, worum Du Dir Gedanken machst. Dann kannst Du direkt sehen, wie die Meditation Deine Gemütslage eventuell verändert hat.

Papier für Notizen

Ein weiteres gutes Hilfsmittel ist einfaches Papier. Dort kannst Du Dir solche alltäglichen Dinge notieren, die Dir während der Meditation durch den Kopf schießen und die Du nicht vergessen darfst, wie z.B. „Ich muss noch Brot kaufen" oder „Dran denken, den Zahnarzttermin zu bestätigen." Indem Du diese Dinge aufschreibst, hast Du sie aus dem Kopf und kannst den Gedanken loslassen, ohne Angst haben zu müssen, dass Du es vergisst. Damit sind Kopf und Konzentration wieder frei für die Meditation.

Altar

Viele Meditierende richten sich einen kleinen Altar ein. Das Wort „Altar" ist in diesem Zusammenhang etwas irreführend, denn er muss nicht religiös geprägt sein. Vielmehr ist es eine Stelle im Raum, die der Besinnung, Versenkung und Muse dient.

Das kann ein Tischchen sein, eine Decke, ein Karton, ein Regalbrett, die Fensterbank oder die Ablagefläche einer Kommode. Dort kannst Du Bilder arrangieren, die Dir gefallen, Gegenstände, die Dich beruhigen, Blumen oder ein Teelicht aufstellen. Dieser Altar wird Teil des Meditationsrituals, wenn Du Dich zur Meditation vor den Altar setzt. Sobald

Du ihn aufsuchst weiß Dein Unterbewusstsein bald, dass es jetzt in die Ruhe geht.

Auch aktive Meditationen kannst Du mit einer Minute der Besinnung vor dem Altar beginnen und abschließen, wenn Du Dein Ritual so abrunden möchtest.

Auch außerhalb der Meditation kann der Blick auf den Altar beruhigend wirken. In meiner 1-Zimmer-Wohnung früher habe ich abends den Blick genossen, vom Bett aus auf das Tischchen, welches mir mit einer Kerze als Meditations-Altar diente. Allein der Anblick gab mir Sicherheit, Trost und Entspannung.

Meditationsschnur

So wie es im katholischen Glauben den Rosenkranz gibt, gibt es auch Meditationsschnüre oder Armbänder. Das sind Fäden, auf denen Perlen oder Steine aufgezogen sind, die man während der Meditation durch die Finger laufen lässt oder zählt.

Die meisten haben eine bestimmte Anzahl an Perlen, deren Zahl angeblich eine besonders "heilige Zahl" darstellt. Ich halte von solchen Konzepten nichts, aber egal, wie viele Perlen aufgefädelt sind, es hilft, um den Geist zu konzentrieren.

In mancher Literatur wird auch nahegelegt, nicht die Perlen an sich zu zählen, sondern jeweils nur dann eine Perle weiter zu gehen, wenn man sich dabei erwischt, mit den Gedanken mal wieder abgeschweift zu sein. So könne man am Ende der Meditation nachzählen, wie oft man unaufmerksam war. Ich halte von diesem Vorgehen, das sich auf die Fehler konzentriert, gar nichts. In der Meditation geht es nicht darum Fehler zu vermeiden, sondern sich für alles zu öffnen, was kommt, seien es sogenannte Fehler oder Wahrheiten. Konzentriere Dich nicht auf die Fehler, sondern auf die Erfolge.

Kerzen

Kerzen oder Teelichter sind ein häufiges Accessoire bei Meditationen. Manchmal werden sie auch als Hilfsmittel genutzt, um die Konzentration auf einen Punkt zu fokussieren, auf die Flamme der Kerze.

Kerzen vermitteln eine ruhige, gemütliche Atmosphäre, spenden warmes, sanftes Licht und können daher helfen in eine entspannte, gemütliche Stimmung zu gelangen.

Wegen des offenen Feuers sollte auf sie aber bei aktiven Meditationen verzichtet werden, um ein zufälliges Umstoßen zu vermeiden. Bei ruhigen Meditationen bitte in jedem Falle auf einen sicheren Kerzenständer achten.

Räuchermittel

Es ist sehr verbreitet, zum Meditieren Räucherstäbchen anzuzünden. Für mich persönlich ist das nicht geeignet, weil mich keiner der Räuchergerüche, die ich kennengelernt habe, nicht gestört hätte. Viele Hochsensible reagieren wie ich empfindlich auf Gerüche, was während der Meditation sogar noch empfindlicher werden kann, auch durch die vertiefte Atmung. Das Räuchern ist ohnehin nur ein Teil des Rituals und hat keinen Einfluss auf die Qualität der Meditation, weshalb Du ohne Probleme darauf verzichten kannst.

Gefällt Dir jedoch die Idee, Deine Meditation durch einen Geruch zu begleiten, probiere verschiedene Düfte durch und achte immer auf eine adäquate, sichere Unterlage für das glimmende Stäbchen.

Darüber hinaus gibt es auch Lampen für Duftöle, die mit Kerzen oder elektrisch betrieben werden.

Haustiere

Ich habe in meinem Arbeitszimmer, in dem ich mit meinen Klienten Coaching, Körperarbeit und natürlich Meditation mache, meinen Meditationsort. Das ist ein Zabuton (ein breites, flaches Kissen) mit einem kleinen Meditationsbänkchen darauf, vor einer weißen Wand, die ich während der Meditation ansehe.

Sobald ich mich zum Meditieren hinsetze, finden sich auch immer ein bis zwei meiner Haustiere ein. Ich habe einen Mops, der mir eh kaum von der Seite weicht, weil er es liebt, mich anzukuscheln, auf mich zu krabbeln und dort zu schlafen. Und wir haben zwei Kater, die nicht weniger verschmust sind, doch katzentypisch eher nur nach Lust und Laune Körperkontakt suchen.

Wie vielen Hochsensiblen auch, so geben auch mir meine Haustiere eine ganz besondere Art der Unterstützung, daher möchte ich dieses Thema auch hier mit aufnehmen. Mein Hund hat ein ruhiges, ausgeglichenes Gemüt und hilft mir durch seine übersprühende Lebensfreude wirksamer gegen Stimmungsschwankungen, als jedes Medikament. Er erfordert keine komplizierte Interaktion, hat keine Hintergedanken, versteckte Motive, sondern zeigt direkt, was er möchte. Meine Tiere sind allesamt sehr leise, und bieten mir so eine angenehme Gesellschaft, in der ich entspannen kann.

Sobald ich mich also zum Meditieren hinsetze, versucht der Mops auf mich heraufzukrabbeln und eine Katze reibt sich schnurrend um meine Taille. Darf das denn sein beim Meditieren? Ja, klar!

Wenn es Dir hilft zum Entspannen, darf es natürlich sein.

Sollte es Dich ablenken und Deine Konzentration stören, dann sperre die Tiere entweder aus oder betrachte es als eine Herausforderung, als eine Übung in Konzentration, trotz dieser Ablenkung gedanklich bei der Meditation zu bleiben.

Tiere zu betrachten kann selbst auch zur Entspannung und damit zum Einstieg in eine Meditation genutzt werden. Der Anblick einer dösenden Katze oder meines schnarchenden Mopses – mal leiser mal lauter – hat eine sehr beruhigende Wirkung. Ebenso wunderschön wie besänftigend kann auch die Show eines Aquariums sein, wie uns viele Bildschirmschoner pflegeleicht belegen.

Auch das stete Krabbeln in einer in den USA bekannten Ameisen-Farmen kann meditativ anmuten. Folge da einfach Deinen persönlichen Vorlieben und beziehe diesen Aspekt der Natur mit in Deine Meditationspraxis ein.

Ernährung

Wenn Du Dich mit dem Thema Meditationsliteratur beschäftigst, wird Dir früher oder später auch das Thema Ernährung unterkommen. Es gibt viele Ansätze, die behaupten, dass man die Meditation durch die korrekte Ernährungsweise ergänzen sollte. Vegetarismus ist bei diesen Ernährungskonzepten wohl die bekannteste Variante. Ich habe da echt eine Menge ausprobiert; ich versuchte mich nach Ayurveda, vegetarisch, vegan, nach Zen-Kloster-Tradition und ähnlichen Modellen zu ernähren. Mein Fazit: Ernährung hat keinen direkten Einfluss auf die Meditationspraxis. Die für Deinen Körper passende Ernährung hat Auswirkung auf Dein Wohlbefinden. Dein Wohlbefinden hat Auswirkung auf Deine Meditation. Also achte auf Deine Ernährung mit Deinem gesunden Menschenverstand, nicht weil es so in irgendwelchen Meditationsbüchern steht.

Zum Thema Kaffee und Alkohol im Zusammenhang mit Meditation kann ich keine persönliche Erfahrungen weitergeben, da ich ersteres gar nicht und zweites viel zu selten konsumiere, um darüber eine Aussage treffen zu können. Ich habe mir von anderen sagen lassen, dass beides der Qualität von Meditation nicht zuträglich sei. Falls Du diesen Genüssen frönst, wirst Du damit wohl Deine eigenen Erfahrungen machen müssen.

Der Vollständigkeit halber möchte ich hier auch kurz bewusstseinserweiternde Drogen ansprechen, die in Kulturen indigener Völker für einen Einstieg in Meditation und in Visionssuchen genutzt werden. Dazu vermag ich jedoch ebenfalls keine eigenen Erfahrungsberichte beizusteuern, weil ich es immer erstrebenswerter fand zu erlernen, wie ich mein Bewusstsein eigenständig, ohne Hilfsmittel, erweitern kann. Ich rufe nicht zum Drogenkonsum auf, sondern empfehle sein Bewusstsein so gut kennenzulernen, dass eine künstliche Stimulation nicht notwendig ist, um sich bereichert zu fühlen. Ich kenne auch niemanden, der Drogen konsumiert und meditiert und daher ist der Abschnitt auch schon wieder beendet.

Kapitel 9

Tipps für Anfänger
und Fortgeschrittene

Tipps für Anfänger

Du willst meditieren, weißt aber nicht wie? Viele Meditations-Anfänger geben bereits nach kurzer Zeit frustriert wieder auf, mit der Meinung, dass Meditation bei ihnen nicht funktioniere. Ursache dafür ist häufig zum einen, dass sie mit der herausfordernden Meditationsform des stillen Sitzens beginnen und zum anderen sehr hohe Ansprüche und unrealistische Erwartungen an die eigene Leistung haben.

Aber mit dem Meditieren ist es wie mit dem Laufen lernen. Es gibt Formen, die für den Anfang besser geeignet sind; aktive Meditationen erleichtern den Einstieg, so wie das Krabbeln das spätere Laufen.

Laufen zu lernen erfordert Kontinuität und Durchhaltevermögen; auch Meditation ist langfristig zu betrachten, ihre Macht entfaltet sich sukzessive über einen Zeitraum vieler Jahre.

Wenn auch Du denkst, dass das mit dem Meditieren auf Anhieb klappen müsste, revidiere Deinen Anspruch. So wie beim Lernen eines Instrumentes, einer Fremdsprache oder einer Sportart, braucht es Übung und Training, bis sich die ersten Erfolge einstellen. Geduld ist eine der Tugenden die Meditation lehrt.

Wie kann ich Meditation lernen?

Wie alle anderen Dinge auch, gilt es Meditation erst einmal zu erlernen. Im Grunde ist es nicht schwer; die Abläufe hat man nach ein paar Mal drin.

Aber worum es eigentlich geht – wozu die Abläufe nur als Vehikel dienen – nämlich den Geist zur Ruhe zu bringen, das ist es, was viel Übung braucht. Aber sobald die Meditation Teil des Tagesablaufes ist, ist für eine nötige Kontinuität gesorgt, so dass für die gebotene Übung gesorgt ist.

Mit Lehrer

Nach meiner Erfahrung ist es schwierig einen Meditationslehrer zu finden, der, so wie ich, die Unterweisung in verschiedene Formen anbietet. Daher solltest Du Dich im Vorfeld für eine Meditationsform entscheiden. Informationen dazu findest Du ja an diversen Stellen hier im Buch. So fällt es leichter, einen passenden Lehrer dafür zu finden.

Die meisten Angebote für Unterricht erfolgen in Gruppen, aber das ist nicht immer unser Ding, als HSP. Wenn es in Deiner Nähe ein Meditationscenter gibt, frage nach Einzelstunden, so dass anstrengender, zwischenmenschlicher Kontakt auf ein Minimum reduziert wird. Vielleicht gibt es auch Lehrer, die ins Haus kommen.

Was bei der Auswahl des richtigen Lehrers zu beachten ist: Natürlich sollte der Lehrer die Meditationsform beherrschen, die Du erlernen möchtest. Darüber hinaus sollte er Dir sympathisch sein, so dass Du in seiner Gegenwart entspannen kannst. Das Gute ist, dass Du ja mit ihm nicht viel wirst reden müssen. Aber Du solltest Dich so wohl fühlen, dass Du Dich traust, Fragen zu stellen und Dich ohne Hemmungen frei entfalten zu können.

Alleine

Auch wenn der Einstieg mit einem Lehrer leichter sein kann, geht es natürlich auch alleine. Denn beim Erlernen von Meditation geht es vor allem darum, es auch zu tun. Und da bringt Dir auch einmal in der Woche eine Stunde beim Lehrer nicht viel, wenn Du es nicht selber willst und alleine zu Hause praktizierst.

Vorbereitungen, um alleine meditieren zu lernen

Bevor Du das erste Mal zu meditieren beginnst, kannst Du die Rahmenbedingungen für Deine Bedürfnisse optimieren. Mache Dir daher bereits im Vorfeld Gedanken über die hier folgenden Punkte und besorge Dir die nötigen Hilfsmittel.

Meditation wählen

Auch hier gilt es im ersten Schritt, Dich für eine Meditationsform zu entscheiden. Ausreichend Informationen und Inspirationen findest Du ja an diversen Stellen hier im Buch.

Instruktionen ergänzen

Gegebenenfalls magst Du Dir in Büchern, CDs oder dem Internet mehr Informationen zu der Meditationsform besorgen, die Du für Dich ausgewählt hast.

Bitte behalte dabei immer im Hinterkopf, dass Du alle Regeln, die Du liest, Deinen Bedürfnissen anpassen solltest; Meditation ist nicht dazu da, Dich zu quälen. Notiere Dir die Änderungen, die Du vornehmen möchtest.

Routine adaptieren

Überlege Dir, welcher Zeitpunkt für Deine Meditation am besten wäre. Passe Deinen Tagesablauf so an, dass Du Dir möglichst jeden Tag ein Zeitfenster für die Meditation einräumst. (s. Kapitel 7 Abschnitt „Wann soll ich meditieren?")

Ort wählen

Suche Dir einen Ort, der Deinen Anforderungen genügt. Richte Dir diese Örtlichkeit so her, dass Du Dich wohlfühlst und sicher meditieren kannst. (s. Kapitel 7 Abschnitt „Wo soll ich meditieren?")

Kleidung wählen

Wähle Dir die passenden Kleidungsstücke aus. (s. Kapitel 7 Abschnitt „Und was soll ich anziehen?")

Hilfsmittel wählen

Gehe die Aufstellung von möglichen Hilfsmitteln im Kapitel „Hilfsmittel für Meditationen" durch und überlege Dir, was Dich davon unterstützen könnte. Besorge Dir diese Gegenstände, um Dir einen bestmöglichen Start zu ermöglichen.

Checkliste

Ist für alles gesorgt? Hier die Liste zum Kopieren und Abhaken:

☐ Bequeme Klamotten angezogen

☐ Umfeld informiert, dass Du nicht gestört werden möchtest

☐ Telefon ausgestellt

☐ Meditationsort bereit

☐ Instruktionen für die Meditationsform bereit

☐ Musik bereit

☐ Meditationsbuch, Notizpapier und Stift bereit

☐ Wecker auf die gewünschte Zeit gestellt

☐ Weitere gewünschte Hilfsmittel bereit:

☐ _

☐ _

☐ Brille abgesetzt

Intro

Lies Dir die Instruktion noch einmal durch, bevor Du beginnst.

Bei Bedarf beginne mit einer Beschreibung Deines jetzigen Zustandes in Dein Meditationsbuch.

Jetzt geht's los!

Jetzt ist es ganz einfach: Fange an! Das ist das Wichtigste.

Wisse, dass Du nichts falsch machen kannst, was Dir schaden würde. Wenn Du etwas nicht ganz richtig machst, hat das keine schädlichen Konsequenzen. Und es ist klar, wenn Du etwas Neues versuchst, dass es nicht gleich leicht fällt.

Folge den Instruktionen, die Du hast. Wenn es Dir Sicherheit gibt, kannst Du auch zwischendurch noch einmal nachlesen.

Wenn Dir Gedanken in den Kopf kommen, von Dingen, die Du nicht vergessen solltest, dann notiere sie auf dem bereitgelegten Papier. Genauso wenn Du während der Meditation Einsichten hast, die Du befürchtest gleich wieder zu vergessen, dann notiere sie in Deinem Meditationsbuch.

Danach

Nach Beendigung der Meditation, nimm Dir noch Zeit, um Dir Notizen in Deinem Meditationsbuch zu machen. Was hast Du gefühlt? Wie fühlst Du Dich jetzt? Welche Gedanken waren da? Welche sind es jetzt? Für mehr Frageanregungen lies im Kapitel "Hilfsmittel" zum Meditationsbuch.

Gerade wenn Du die ersten paar Male meditierst, prüfe nachher, ob die Rahmenbedingungen für Dich alle passend waren: Wie war die Ablenkung (z.B. Lautstärke) aus der Umgebung? War Deine Kleidung gemütlich und praktikabel? War Dein Körper bequem? Hat Dir ein Hilfsmittel gefehlt?

Falls Du Beeinträchtigungen findest, überlege und notiere Dir, was Du verändern kannst, um die Konditionen für das nächste Mal zu verbessern und setze diese Punkte um. So richtest Du es Dir von Mal zu Mal besser ein.

Durchhalten

Du kannst mir glauben, ich habe sehr oft in Gruppen gesessen, sozusagen „zur Meditation gezwungen" und habe mir gedacht: „Man, wann ist das endlich vorbei?!" Mir war zuweilen furchtbar langweilig, weil ich mich innerlich nicht für die Erfahrung öffnen wollte – auch wenn ich wusste, dass es mir langfristig gut tun würde – ja, der Weg führte auch bei mir durch viele Widerstände.

Also, wie bin ich in solchen Situationen damit umgegangen? Mit diesem Trick: Wenn Du noch 30 Minuten meditieren „musst", stelle Dir vor, es seien noch drei Stunden. Oder 30. Wähle einfach eine absurd hohe Zahl, so hoch, dass Du innerlich aufgibst. So hoch, dass Du Dir denkst, „Das hört ja nie auf!" Du resignierst innerlich, vor der unvorstellbar langen Zeit, die es noch zu absolvieren gilt. Wenn Du resignierst, brichst Du die innere Mauer des Widerstandes ein, Du gibst auf und Du bist nicht mehr in einer inneren Abwehrhaltung. Du bist jetzt nicht mehr gegen etwas, sondern offen für etwas – zwar resigniert, aber offen. Du schaffst Dir somit Raum, für eine neue Erfahrung.

Die Alternative wäre, die Meditation genervt und frustriert abzubrechen. Eine schlechte Wahl. Denn indem Du nicht abbrichst, gibst Du Dir wenigstens die Chance, eine Meditationserfahrung zu machen, die Dich bereichert. Gibst Du auf, hast Du nichts für Dich erreicht. Gib Dir eine Chance, das bist Du wert!

Mache ich das auch richtig?

Diese Frage begleitet viele Anfänger. Es ist verständlich, dass Zweifel aufkommen können, wenn man etwas Neues erlernt. Nur, weil man zweifelt, bedeutet es nicht, dass man es falsch macht. Das bedeutet nur, dass man es ernst meint, dass man es richtig machen möchte und sich Mühe gibt.

Zunächst einmal möchte ich Dich beruhigen. Wenn Du die Tipps aus meinem Buch nach besten Wissen und Gewissen befolgst, lautet die erste Antwort: Ja, Du machst es richtig!

Es ist auch normal, dass es an einigen Tagen besser funktioniert, als an anderen. Mache dann einfach tagtäglich weiter, es wird wieder besser werden.

Okay, das wird nicht alle beruhigen. Hier geht es weiter für die Hartnäckigen: Wenn Du Dir trotz allem nachhaltig Gedanken machst, ob Du „das auch richtig" machst, rate ich zum Austausch mit jemanden, der sich damit auskennt. Das können Freunde oder Bekannte sein, die sich mit Meditation auskennen.

Gibt es diese nicht in Deinem Umfeld oder hilft das nicht weiter, wäre es vielleicht ratsam, jemanden zu fragen, der sich beruflich mit Meditation beschäftigt. Das kann ein Meditationslehrer in Deiner Nähe sein. Wie Du jemand passenden findest, kannst Du am Anfang dieses Kapitels lesen. Vielleicht findest Du sogar jemanden wie mich, der sich zudem mit Hochsensibilität auskennt und auf Deine Bedürfnisse individuell eingehen kann.

Wenn es um Meditation geht, ist es oftmals einfacher, mit jemanden vor Ort zu arbeiten, aber es ist auch über Entfernung möglich, so betreue ich zum Beispiel dank E-Mail und Skype gleichfalls Klienten von außerhalb Deutschlands.

Handle eigenverantwortlich, sorge für Dich, suche Dir Unterstützung. Wenn Du Dich bewusst für Meditation entschieden hast und sie so konsequent verfolgst, wirst Du auch jemanden finden, der Dir im Zweifelsfalle helfen kann. Erinnere Dich auch hier an die Tugenden von Beharrlichkeit, Geduld und Hoffnung.

Wenn es im Kopf zu laut ist

Dieses ewige Thema begleitet wohl alle Meditierenden, ob Anfänger oder Fortgeschrittener. Es ist der Grund, den ich am allerhäufigsten höre, wenn ich einen Klienten frage, weshalb er nicht (mehr) meditiert; weil es zu laut ist im Kopf.

Paradoxerweise ist das derselbe Grund, den ich am allerhäufigsten höre, wenn ich einen Klienten frage, weshalb er meditieren möchte; weil es zu laut ist im Kopf.

Es ist zu laut im Kopf, deshalb will ich meditieren, aber ich kann nicht meditieren, weil es zu laut im Kopf ist. Ein Teufelskreis. Aber wenn Du deswegen das Meditieren aufgibst, hast Du gar nichts gewonnen, sprich: Es ist immer noch laut im Kopf. Der beschwerlichere, aber langfristig befriedigendere Weg, der Deine Lebensqualität steigern wird, ist den Teufelskreis zu durchbrechen. Das Ding hieße allerdings nicht Teufelskreis, wenn es nicht teuflisch mühsam wäre, ihn zu durchbrechen; aber, soviel verspreche ich Dir, es ist auch teuflisch lohnenswert.

Gerade für den Kopf eines Hochsensiblen, der so viel mehr Reize im Alltag aufnimmt, ist es äußerst lohnenswert – für mein persönliches Wohlbefinden sogar überlebenswichtig – sich Zeiten zu schaffen, in denen die Reize verarbeitet werden können, abklingen können, zur Ruhe kommen, in denen Gedanken abfließen können, nicht beachtet und durchdacht werden müssen.

Die Amerikaner nennen es *Monkey Mind* (wörtlich übersetzt: Affen-Geist), wenn der Geist nicht zur Ruhe kommt, sondern von einem Gedanken zum nächsten springt, vom einen abgespeicherten Reiz zum nächsten. Lass' Dir sagen, das ist bei einer Meditation normal! Das ergeht Normalsensiblen auch nicht anders. Und dadurch solltest Du Dich wie gesagt nicht entmutigen lassen, denn das ist es, worum es in der Meditation geht; den Geist zur Ruhe zu bringen.

Ich selbst kenne das Karussell der Gedanken im Kopf zur Genüge. Mein Geist war auch jahrelang fleißig am Rumhüpfen und ist es auch heute noch zu Beginn einer Meditation, wenn ich einen ereignisreichen Tag hatte. Und es hat mich viele Jahre kontinuierlicher Meditationspraxis gekostet, Herrin über meinen „Affenstall" im Kopfe zu werden. Die Kunst ist, einmal mehr aufzustehen, als man umgeworfen wird. Ausdauer und Geduld sind wichtig, um nachhaltige Veränderungen zu erzielen. Heute gelingt es mir, so ich mich darauf konzentriere, für Ruhe im Geist zu sorgen, was die Kraftquelle in meinem Leben darstellt.

Meine Tipps gegen den Monkey Mind

Beschäftigung

Beschäftigung ist die Basis aller Tipps. Einfach gesagt: Lasse Deinen Verstand an der Meditation teilhaben. Gib ihm beim Meditieren auch etwas zu tun. Beschäftige ihn, damit der Dich nicht beschäftigt. Bei einer aktiven Meditation fällt das generell leichter, weshalb ich Anfängern gerne zu aktiven Meditationen rate.

Körperhaltung & Gesicht

Lenke Deine Konzentration darauf, welche Haltung Dein Körper einnimmt. Wo er sich biegt, wo er sich streckt, wie das Gewicht verteilt ist, welche Körperteile sich gegenseitig berühren. Du kannst dazu auch leicht das Gewicht verlagern, mal hin, mal her, um diese Veränderung mit Deinem Verstande zu verfolge.

Lenke Deine Konzentration auch auf Dein Gesicht, welchen Ausdruck es hat, wo sich Muskel anspannen und wo sie entspannt sind.

Beachte, dass es keine richtige oder falsche Körperhaltung gibt. Es ist gut möglich, dass Du es Dir in Deiner Körperhaltung noch bequemer wirst machen können oder den einen oder anderen Muskel noch besser wirst entspannen können. Aber bewerte das nicht, sondern bemerke es einfach und komme dem nach.

Körper

Begib Dich gedanklich auf eine Reise durch Deinen Körper und lade Deinen Geist ein, Dich zu begleiten. Beginne z.B. im rechten Fuß und fühle, was der so fühlt. Fühle, wie er liegt, welche Teile von ihm den Boden berühren, wie seine Haltung ist, wo Druck zu spüren ist, wo Stoff zu spüren ist und was Dir sonst noch so auffällt. Beschreibe das in Deinem Geist. Zum Beispiel: "Mein rechter Fuß berührt mit der Oberseite das Kissen. Ich spüre meine Socke an der Fußsohle. Ich spüre, wie der kleine Zeh seinen Nachbarn berührt. Auf der Fußoberseite ist Druck zu spüren, aber der Fuß ist entspannt."

Du wirst merken – vielleicht auch bestaunen –, dass Dein Körper aus allerlei Einzelteilen besteht, die alle beobachtet werden können.

Bewegung

Hast Du Dich für eine aktive Meditation entschieden, dann ist Dein Körper in Bewegung. Somit hat zumindest Dein Körper schon einmal eine Beschäftigung und darin kannst Du Deinen Geist einbinden.

Lenke Deine Konzentration darauf, dieser Bewegung zu folgen. Dein Geist kann Dir beschreiben, was die Arme, Beine, Füße, was Kopf und Hals gerade machen. Konkret heißt das: Lasse Dir von Deinem Verstande beschreiben, was Du gerade tust, wie zum Beispiel: „Ich hebe meinen Arm. Ich atme aus. Mein Gewicht verlagert sich nach vorne." Da wird Dir bestimmt nicht langweilig und Du hast keine Zeit für einen Monkey Mind. Körper und Geist bilden so eine Einheit, welches eine gute Voraussetzung für eine tiefe Meditation ist.

Schaukeln

Wenn Schaukeln Dir hilft, Dich zu beruhigen, dann erlaube es Dir zu schaukeln und lenke Deine Konzentration auf diese feine Bewegung. Spüre, wie sich mit ihr das Gewicht verlagert, andere Stellen des Körpers das Gewicht tragen. Du kannst das Schaukeln auch auf Deinen Atemrhythmus abstimmen oder die Schaukel-Bewegungen zählen, wie in diesem Kapitel auch beschrieben. Falls in Deiner Meditations-Instruktion steht, dass Du still zu sitzen hast, dann vergiss das! Du entscheidest, wie Du meditierst und wenn es Dir hilft Dich zu schaukeln, dann tue es.

Entspannen

Psychische Entspannung kommt über physische Entspannung. Es fällt den meisten Menschen leichter, ihren Körper auf Kommando zu entspannen, als den Geist – sonst fiele Meditation nicht so schwer.

Ist der Körper erst einmal entspannt, fällt es dem Geiste leichter, diesem Gefühle zu folgen. Demnach ist der erste Schritt, den Körper zu entspannen.

Oftmals merken wir gar nicht mehr, wie angespannt wir körperlich wirklich sind, weil wir uns im Laufe der Zeit an einen gewissen Grad von Muskelverspannungen gewöhnt haben und diese Zustand gar schon für „normal" halten.

Ein Weg, um physische Entspannung zu erreichen, ist zum Beispiel, die Methode der Progressiven Muskelentspannung. In der Progressiven Muskelentspannung werden einzelne Körperregionen zunächst bewusst angespannt, diese Spannung wird für einige Sekunden gehalten, um sie dann bewusst zu entspannen. Diese Methode ist ganz leicht zu erlernen; wenn es Dich interessiert, findest Du Bücher, CDs, Kurse und Webseiten dazu.

Ein Gebiet, das beim Entspannen oftmals vergessen wird, ist das Gesicht. Daher hier ein paar Zeilen dazu:

Entspanne Deine Augen, entspanne den Blick, löse den Fokus, stelle die Augen auf unscharf. Oder schließe die Augen und stelle Dir vor, Du betrachtest etwas, was in weiter Ferne liegt.

Entspanne die Stirn.

Entspanne den Kiefer, löse Ober- und Unterkiefer voneinander. Lass den Unterkiefer leicht fallen, der Mund darf sich leicht öffnen.

Entspanne Deine Zunge. Sie darf sich vom Gaumen lösen und locker im Mund liegen.

Atme langsam ein.

Atme langsam aus.

So tief, dass sich der ganze Bauch füllt.

Und leert.

Zählen

Zähle Deine Atemzüge, von 1 bis 10 oder von 10 bis 1. Wenn Du am Ende angekommen bist, beginnst Du wieder von vorn. Sollten Deine Gedanken das Zählen unterbrechen, dann beginne einfach wieder am Anfang. Anfangs habe ich sehr lange gebraucht, bis ich einmal bei 10 angekommen war, das kannst Du mir glauben! Aber das ist in Ordnung. Eine Meditation ist kein Zählwettbewerb. Das Zählen ist Beschäftigung für den Geist. Dein Atem ist Basis für Deinen Körper. Beides ist Nahrung für Deine Seele.

Meditationsschnur

Benutze eine Meditationsschnur, um Deinen Geist zu beschäftigen. Zähle die Perlen mit Deinen Fingern, Deinem Verstand, nach einem inneren Rhythmus oder im Takt Deines Atems.

Atem

Konzentriere Dich auf Deinen Atem. Beobachte, wie Du einatmest... und ausatmest... dann erfolgt eine natürliche, kleine Pause. Und dann wieder einatmest... und ausatmest.

Du kannst diesen natürlichen Fluss im Kopf kommentieren mit "Einatmen", "Ausatmen" und "Pause".

Mantra

Hast Du Dich für eine Mantra-Meditation entschieden, dann hast Du mit dem Mantra einen guten Punkt, auf den Du Deine Konzentration lenken kannst. Auch hier ist es nur natürlich, wenn die Gedanken mal abschweifen, aber das Mantra gibt Dir immer wieder die Chance, Deinen Geist zu fokussieren und unablässig zu beschäftigen.

Statisten-Gedanken

Wie eingangs gesagt: Das Versprechen von Meditation und einer der Hauptbeweggründe, weshalb wir mit Meditation beginnen, ist dass die Gedanken ruhiger werden und der Geist ausgeglichener wird.

Wenn man nun beim Meditieren ist und die Gedanken aber entgegen den Erwartungen und Hoffnungen nicht leiser werden, ist man schnell bei dem Gedanken: „Mein Geist *muss* leiser werden, ich darf nichts denken!". Dass das dann nicht funktioniert ist ja kein Wunder, genauso wie der Spruch „Denke nicht an rosa Elefanten.", einen unwillkürlich an rosa Elefanten denken lässt.

Der gedankliche Ansatz sollte vielmehr sein: Mein Kopf darf laut bleiben. Gedanken dürfen kommen und sie dürfen da sein. Aber ich muss nicht auf sie eingehen. Lass die doch reden. Sie bleiben wie Statisten im Hintergrund, die Hauptrolle spiele ich. Und während die Gedanken reden, meditiere ich derweil.

Ziehen lassen

Wenn Du merkst, dass Gedanken kommen, dann lass' sie einfach vorüber ziehen. Es gibt dazu ein schönes Bild, was ich zwar anfangs schwer für mich umzusetzen fand, welches andererseits dann doch über die Jahre hinweg in Situationen von Monkey Mind eine friedvolle Atmosphäre in mir geschaffen hat:

Stelle Dir vor, Du seist ein Bergsee und die Gedanken ziehen wie Wolken am Himmel über Dich hinweg, in großer Distanz, in aller Stille. Es ist in Ordnung, dass sie da sind, aber Du brauchst ihnen keine Aufmerksamkeit zu schenken. Sie spiegeln sich in Dir, Du wirfst das Spiegelbild zurück, der Wind treibt sie davon.

Das eignet sich in der Regel eher für Fortgeschrittene, weil es einfacher funktioniert, wenn man bereits ein gewisses Gespür für seine Gedanken entwickelt hat. Ansonsten könnte es dazu verleitet, den Gedanken des Monkey Minds aus Versehen doch zu folgen.

Hartnäckige Affen?

Wahrscheinlich wird der Monkey Mind sich trotz aller Tricks immer wieder mal einschalten. Aber das macht nichts. Wenn Du das bemerkst, dann konzentriere Dich wieder von neuem und mache einfach weiter. Du wirst sehen, dass es im Laufe eines langen Zeitraums besser werden wird. Habe Geduld mit Dir und ärgere Dich nicht, wenn Deine Gedanken mal abschweifen. Das ist ganz normal und hat keine schlimmen Konsequenzen. Einfach weitermachen.

Bei all diesen Tricks gegen den Monkey Mind könntest Du einwenden: "Ja, dann redet mein Geist zwar nicht mehr von der Einkaufsliste, aber dafür von meinem Körper oder von der Anzahl der Atemzüge. Aber reden tut er trotzdem!" Das stimmt. Aber: Er redet besseres Zeug!

Und ich sage Dir auch weshalb: Egal, für welchen dieser Tipps Du Dich entscheidest, Dein Geist ist immer im Hier und Jetzt. Er zählt diesen Atemzug, den Du gerade tust. Er beschreibt Dir, wie Dein Fuß jetzt gerade liegt. Und damit ist Dein Geist nicht in der Vergangenheit ("Bei dem Treffen mit Frau F. heute Morgen habe ich mich echt unwohl gefühlt.") und nicht in der Zukunft ("Ich muss nachher noch Brot einkaufen.") sondern in der Gegenwart, er ist präsent. Und da geht es lang, um zu meditieren.

Tipps für Fortgeschrittene

Hast Du einmal die Lebensentscheidung getroffen, in intensiven Kontakt mit Dir selbst zu treten, wird Meditation zum lebensbegleitenden Prozess, zu einer lebenslangen Aus- und Weiterbildung im eigenen Erfahren. Du kannst Meditation zu einer lebensverändernden, lebensbereichernden Erfahrung machen, für Ausgeglichenheit, Sinnhaftigkeit und persönlicher Erfüllung.

Wenn Du Meditation für längere Zeit mit Hingabe praktizierst, wirst Du allmählich beobachten können, wie der reine Effekt der Entspannung durch persönliche Erkenntnisse bereichert wird.

Auch in dieser Phase können durchaus noch Fragen oder genereller Gesprächsbedarf zum Thema Meditation aufkommen, was ich zum einen aus persönlicher Erfahrung, zum anderen aus meiner Arbeit mit fortgeschrittenen Meditierenden berichten kann.

Die Themen Fortgeschrittener sind vielseitig:

Zum Beispiel kann Thema sein, dass Meditation bisher primär zur Entspannung genutzt wurde und nun eine Neugier aufkeimt, was noch erreicht werden kann. Einige trauen sich auch nicht so recht nach einer längeren Pause wieder in eine regelmäßige Meditationspraxis einzusteigen und wünschen sich „Starthilfe". Oder ihnen ist die Meditation zu einseitig geworden und sie möchten eine neue Meditationsform ausprobieren. Die neue Meditationsform bringt neue Bewegungen – physischer und geistiger Art – wodurch neue Gedankenmuster, eine neue Erfahrungsebene erreicht werden können. Manche Klienten beschreiben auch eine gefühlte Stagnation, deren Ursache in persönlichen Einstellungen, Erwartungen oder auch Techniken liegen kann. Andere haben in der Meditation eine Erfahrung gemacht, über die sie sich professionell austauschen möchten. In meiner Praxis erarbeite ich mit ihnen durch gemeinsame Reflektion und Meditation, wie sich hier neue Wege eröffnen lassen.

An dieser Stelle greife ich diese Punkte auf und möchte so gut es geht, allgemein gültige Hilfestellungen auf diese individuellen Fragestellungen geben.

Meditation für den Alltag nutzen

Wenn Du ein gutes Meditationserlebnis gehabt hast, wirst Du Dir wünschen, dieses Gefühl auch für den Alltag bewahren zu können. Hier mein Tipp, wie das gelingen kann:

Nachdem Du das Erlebnis hattest, versuche es so plastisch wie möglich zu formulieren und aufzuschreiben. Benutze dafür Merkmale all Deiner Sinne, also: Wenn das Gefühl eine Farbe hätte, welche wäre das? Welche Größe? Welches Material? Welche Beschaffenheit der Oberfläche? Welche Konsistenz? Welchen Geruch? Welchen Ton würde es machen?

Diese auf den ersten Blick vielleicht merkwürdig anmutenden Vergleiche helfen Dir, das Gefühl später wieder abrufen zu können.

Um das Abrufen zu üben, wähle zunächst eine ruhige Situation, z.B. abends im Bett. Dann erinnere Dich an Deine Beschreibung des Gefühls, mit allen Attributen, die Du dafür notiert hast und versuche, Dich wieder dort hineinzufühlen. Wenn das Abrufen in ruhigen und stressfreien Situationen funktioniert, kannst Du es auch in stressigen Situationen erproben und üben. Auf diese Weise schaffst Du Dir eine Möglichkeit, Dich in strapaziösen Alltagsverhältnissen beruhigen zu können.

Training erhöhen

Das Meditieren klappt soweit sehr gut? Es gelingt Dir zunehmend nach überschaubarer Zeit in jeder Meditation den Verstand zur Ruhe zu bringen, innerlich abzuschalten und Dich mental zu stärken? Du wünscht Dir eine neue Herausforderung? Dann probiere dieses:

Um die der Meditation eigene Versenkung zu trainieren, sie zu intensivieren, ist es hilfreich die Menge an äußeren Reizen, ergo Ablenkungen, zu erhöhen. Begib Dich bewusst in Situationen stärkerer Ablenkung. Stelle zum Beispiel das Radio oder den Fernseher an, während Du meditierst. Oder begib Dich an Orte, die Dich ablenken und versuche dort zu meditieren, eine Parkbank, ein Buswartehäuschen, die U-Bahn oder eine Geh-Meditation im Supermarkt. Vielleicht wirst Du sogar erleben, dass der Stresslevel dort jetzt bereits geringer ist, als er zuvor war.

Über etwas meditieren

Über etwas zu meditieren, über eine Frage, eine Entscheidung, einen Wunsch, ist ein Vorhaben für Fortgeschrittene. Nun ja, von Yoda kann man das wohl ohne Zweifel behaupten.

Über etwas zu meditieren ist ein mächtiges Werkzeug, für die Beantwortung von Lebensfragen. Es ermöglicht Antworten zu finden, die nicht nur vom Verstande, sondern auch von den Gefühlen und allen Bewusstheitsebenen unterstützt werden. Antworten, die einem im Alltag nicht möglich sind, nicht zugänglich sind. Die fortgeschrittene Meditation öffnet das Bewusstsein und eröffnet so neue Perspektiven, von wo aus sich althergebrachte Themen neu beleuchten lassen.

Aber warum ist es so schwierig über etwas zu meditieren? Nun, wie Du bisher wohl gelesen hast, geht es beim Meditieren darum, seine Gedanken loszulassen, ziehen zu lassen, nicht auf sie einzugehen. Bei der klassischen Meditation lässt man Lebensthemen absichtslos stehen und überlässt die Lösungen ohne sie zu forcieren, einfach der Meditationspraxis.

Über eine Frage zu meditieren widerspricht dieser „gedankenlosen" Absicht auf den ersten Blick. Die Meditationszeit soll nämlich nicht dazu genutzt werden, über eine Frage nachzudenken – wäre auch schwierig, ohne Gedanken. Wenn man jedoch über etwas meditieren möchte, steht die Frage mit im Fokus der Achtsamkeit. Das ist also die Schwierigkeit, die sich stellt: über etwas nachzudenken, ohne darüber nachzudenken.

Der erste Schritt ist demnach zu lernen, nicht nachzudenken, so wie im Buche bisher beschrieben.

Wie man dann im nächsten Schritt über etwas meditieren kann, möchte ich jetzt beschreiben. Da es sehr schwierig ist, für diese inneren, persönlichen Prozesse die richtigen Worte zu finden, wird meine Sprache jetzt unpräziser und erfordert etwas Gefühl, Phantasie und eigene Erfahrung, um damit etwas anfangen zu können.

Zunächst ist es wichtig, sich der genauen Frage bewusst zu sein (sonst geschieht so ein Debakel wie in „Per Anhalter durch die Galaxis"). Mache Dir klar, was das Thema ist, welches Du bearbeiten möchtest. Versuche es auf einen Satz zu reduzieren, so dass Du die Essenz definiert hast.

Zum Beginn Deiner Meditation rufe Dir das Thema dann ins Bewusstsein. Erfülle Deinen Verstand und Deinen Geist damit. Und breite es anschließend auf Deine Gefühle aus. Fühle die Frage, nimm wahr, was sie emotional in Dir hervorruft. Bewege sie in Deinem Herzen. Erfülle Dein Wesen auf allen Ebenen mit Deinem Thema.

Jetzt kommt die Kunst: Lasse den Gedanken los. Lasse den Gedanken aus Deinem Verstande ziehen. Löse den Gedanken aus Deinen Emotionen. Lasse ihn aus Deinem Herzen scheiden. Und begib Dich wie gewohnt in die Meditation.

Das Echo Deines Themas schallt derweil im Hintergrund Deines Bewusstseins. Wenn Du in Ruhe in der Meditation bist, locke dieses Echo behutsam nach vorne; nimm es wahr, befühle es, öffne es mit dem Bewusstsein, erspüre es von allen Seiten, ergehe Dich in seiner Resonanz, beleuchte es vom Ort der Meditation aus. Erfühle seine Facetten und Variationen, empfinde seine Lösungen, Wege und Verknüpfungen und – lasse es dann wieder los.

So wird sich mit der Zeit – in einer Meditationssitzung oder nach mehreren – eine Antwort in Deinem Bewusstsein formen. Als Gedanke, als Gefühl, als sanfte Erkenntnis oder als Geistesblitz; die Antwort kann auf viele Arten ihren Weg finden.

Reale Realität?

Unter dieser Überschrift möchte ich ein paar Gedankenmodelle vorstellen, die Dir helfen können, Deine Umwelt – und damit auch Dich – aus einer anderen Perspektive heraus zu sehen.

Eine neue Perspektive einzunehmen erfordert die Bereitschaft, das bisher Geglaubte für einen Augenblick in Frage zu stellen. Ich denke, dass wir Hochsensiblen mit diesem Prozedere gut vertraut sind, weil wir viele Dinge unserer Wahrnehmung immer wieder in Frage stellen müssen, um uns der allgemeingeltenden Wahrnehmung der Gesellschaft anzupassen. Die Dissonanz zwischen unserer individuellen Wahrnehmung und der der anderen Menschen ist alltäglicher Bestandteil unseres Lebens und Bewusstseins.

In der fortgeschrittenen Meditation vermag das Betrachten aus einer neuen Perspektive, vermag das Hinterfragen der bisherigen Realität, der Meditation mehr Tiefe zu verleihen, um so den Weg für ein eine profunde Selbsterkenntnis zu bereiten.

Höhlengleichnis

Ein klassisches Beispiel für einen solchen Perspektiven Wechsel ist das Höhlengleichnis von Platon:

"Platon beschreibt einige Menschen, die in einer unterirdischen Höhle von Kindheit an so festgebunden sind, dass sie weder ihre Köpfe noch ihre Körper bewegen und deshalb immer nur auf die ihnen gegenüber liegende Höhlenwand blicken können. Licht haben sie von einem Feuer, das hinter ihnen brennt. Zwischen dem Feuer und ihren Rücken befindet sich eine Mauer. Hinter dieser Mauer werden Bilder und Gegenstände vorbeigetragen, die die Mauer überragen und Schatten an die Wand werfen. Die „Gefangenen" können nur diese Schatten der Gegenstände wahrnehmen. Wenn die Träger der Gegenstände sprechen, hallt es von der Wand so zurück, als ob die Schatten selber sprächen. Da sich die Welt der Gefangenen ausschließlich um diese Schatten dreht, deuten und benennen sie diese, als handelte es sich bei ihnen um die wahre Welt.

Platon (bzw. Sokrates) fragt nun, was passieren würde, wenn man einen Gefangenen befreien und ihn dann zwingen würde, sich umzudrehen. Zunächst würden seine Augen wohl schmerzlich vom Feuer geblendet werden, und die Figuren würden zunächst weniger real erscheinen als zuvor die Schatten an der Wand. Der Gefangene würde wieder zurück an seinen angestammten Platz wollen, an dem er deutlicher sehen kann.

Weiter fragt Platon, was geschehen würde, wenn man den Befreiten nun mit Gewalt, die man jetzt wohl anwenden müsste, an das Sonnenlicht brächte. Er würde auch hier zuerst von der Sonne geblendet werden und könnte im ersten Moment nichts erkennen. Während sich seine Augen aber langsam an das Sonnenlicht gewöhnten, würden zuerst dunkle Formen wie Schatten und nach und nach auch hellere Objekte bis hin zur Sonne selbst erkennbar. Der Mensch würde letztlich auch erkennen, dass Schatten durch die Sonne geworfen werden.

Erleuchtet würde er um keinen Preis sein altes Leben in der Höhle wiederaufnehmen wollen, und wenn er es doch täte, über seine Erkenntnisse berichten. Da sich seine Augen nun jedoch umgekehrt erst wieder an die Dunkelheit gewöhnen müssten, könnte er (zumindest anfangs) die Schattenbilder nicht erkennen und gemeinsam mit den anderen deuten. Aber nachdem er die Wahrheit erkannt habe, würde er das auch nicht mehr wollen. Seine Mitgefangenen nähmen ihn als Geblendeten wahr und schenkten ihm keinen Glauben: Man würde ihn auslachen und „von ihm sagen, er sei mit verdorbenen Augen von oben zurückgekommen". Damit ihnen nicht dasselbe Schicksal zukäme, brächten sie von nun an jeden um, der sie „lösen und hinaufbringen" wollte."
(Quelle: http://de.wikipedia.org/wiki/H%C3%B6hlengleichnis, Artikel Höhlengleichnis, Abschnitt "Inhalt", abgerufen am 11.11.2011)

Eine modernere Interpretation dieser Szenerie bietet der Vergleich, statt in einer Höhle mit Schatten, in einem Kino, vor einer Leinwand, gefesselt zu sitzen. Oder – noch moderner – in einem Holodeck, wie es in Star Trek kreiert wurde, zu leben. Oder in der Matrix, wie aus dem gleichnamigen Film.

Egal, welche Version Dir am meisten zusagt, so ist der dahinter stehende Gedankenansatz derselbe: Ist die Welt so, wie sie Dir erscheint? Ist Deine Realität das, was Du glaubst, das sie ist? Wenn ja, wie sähe sie für andere Menschen aus? Oder steckt da mehr dahinter? Wenn ja was? Und wer?

Ich möchte gar nicht erst versuchen, diese Fragen zu beantworten oder bekannte philosophische Antworten dazu zu zitieren. Ich will Dir ja nicht den Spaß verderben. Nur Deine Antwort zählt. Deine Erfahrung. Deine Meditation.

Die weiße Wand

Im Film *Die Matrix* (1999) gibt es einen weißen Ort, „das Konstrukt", den Neo und Morpheus zu Beginn von Neos Unterricht besuchen. Es ist ein rein weißer Ort, ein weißer Raum, dessen Wände, Boden und Decke nicht zu sehen sind, scheinbar ein Punkt ohne jegliche Dimensionen. In diesen Raum lädt die Crew von Morpheus die Inhalte hinein, die sie gerade gebrauchen können.

Ähnlich wie dieser weiße Raum, kann die weiße Wand aus der Zazen-Tradition wirken. Im Zazen sitzen die Meditierenden mit geöffneten Augen vor einer weißen Wand. Diese Wand ist alles, was sie sehen. Wenn Du Zazen machst, ist die weiße Wand alles, was Du siehst.

Wie wäre es mit diesem Gedankenexperiment: Du sitzt vor der weißen Wand. Die weiße Wand sitzt vor Dir. Die Wand ist alles, was Du bist. Alles, was Du je warst und je sein wirst ist diese weiße Wand. All Deine Wünsche, Träume, Sehnsüchte, Ängste und Sorgen, sind diese weiße Wand. Die weiße Wand ist Deine Frage an das Leben. Und die Antwort darauf. Werde zur Wand. Und die Wand wird zu Dir. Wer meditiert, Du oder die Wand? Beide?

Filmtipps

Die Filme *Die Matrix* (1999), *Die Trueman Show* (1998), *The Sixth Sense* (1999), *Being John Malkovich* (1999), *Inception* (2012), *Der Plan* (2011) bieten alle Denkanstöße, um die eigene Realität mal zu überdenken. Das, was Du für Deine Realität hältst. Ist sie so real, wie Du es glaubst? Wie kannst Du Dir dessen sicher sein? Weil Du es siehst? Weil Du es berühren kannst? Weil Du es fühlst? Weil Du möchtest, dass es existiert? Guck Dir die Filme an und meditiere weiter.

Schlusswort

Hiermit beende ich mein Werk, in der Gewissheit alles gesagt zu haben, was notwendig wäre.

Ich hoffe, ich konnte Dich dazu inspirieren und wünsche Dir, dass Du den Mut hast, jetzt mit Meditation zu beginnen. Es würde mich freuen, wenn mein Buch Dir geholfen hat, Meditation für Dich zu entdecken.

Und selbst wenn nicht, würde es mich gleichermaßen freuen, wenn Du aus meinem Buch sonst etwas hast mitnehmen können, um fortan ein Hochsensiblen-Leben mit mehr Lebensqualität führen zu können. Vielleicht magst Du mir Deine Erfolge mitteilen?

Wie es mir sowohl nach meiner Asperger Diagnose als auch in Sitzungen mit Klienten oft geschah, war ich beim Schreiben manchmal geradezu verblüfft darüber, was ich mir im Laufe der Jahre alles angelernt habe. Das Schreiben dieses Buches fiel mir sehr leicht. Ich trug all das Wissen bereits in mir, es musste nur raus und in Form gebracht werden. Jetzt hältst Du dieses Wissen in Deinen Händen.

Das Buch ist zu Ende, aber Du stehst erst am Anfang Deiner Reise. Ich wünsche Dir eine spannende Entdeckungsreise, auf dass Du einen Zugang zu Deiner inneren Heimat, Deiner inneren Quelle der Ruhe, der Ausgeglichenheit und der Erkenntnis finden mögest.

Jetzt bleibt mir nichts mehr zu sagen, als Dir viel Spaß beim Meditieren zu wünschen! Lege das Buch zur Seite und fange an!

Weitere Titel der Autorin

Alle Meditationstitel basieren auf:

Meditation für Aspies
Täglich anzuwendende Techniken,
um Menschen mit Asperger-Autismus in
Lebensqualität & Eigenverantwortung zu stärken

Klappe zu - Affe tot
13 Tricks gegen den Monkey Mind beim Meditieren

Meditation +33
33 Fragen zum Nachdenken,
Hineinfühlen & Spaß haben rund um Deine Meditation

Weiterhin erschienen:

28:06:42:12
Arbeitsbuch Erleuchtung